ALEXANDRE HEPP & CLÉMENT CLAMENT

HISTOIRE

DE

RUY-BLAS

PARIS

PAUL OLLENDORFF, ÉDITEUR

28 bis, rue de Richelieu

1879

Tous droits réservés.

HISTOIRE DE RUY-BLAS

2HGH

ALEXANDRE HEPP

LES ERRANTES

1 vol. de poésies.

EN PRÉPARATION :

ALEXANDRE HEPP et CLÉMENT CLAMENT

ÉTUDES D'AUJOURD'HUI

MARCELLE SAINT-ROME.

DES MÊMES AUTEURS

HISTOIRE DU ROI S'AMUSE.

ALEXANDRE HEPP & CLÉMENT CLAMENT

HISTOIRE

DE

RUY-BLAS

PARIS
PAUL OLLENDORFF, ÉDITEUR
28 bis, rue de Richelieu

1879

HISTOIRE DE RUY-BLAS

Ruy-Blas fut représenté pour la première fois le 8 novembre 1838 sur le théâtre de la Renaissance. Victor Hugo avait alors trente-six ans, et imposait déjà sa gloire — l'homme sublime remplaçait l'enfant sublime.

La pièce, distribuée ainsi, eût une cinquantaine de représentations :

Ruy-Blas	MM.	Frédérick-Lemaître
Don Salluste de Bazan		Alexandre Mauzin
Don César		Saint-Firmin
Don Guritan		Féréol
Camporéal		Montdidier
Le marquis de Santa Cruz		Heillard
Le marquis del Basto		Fresne
Don Manuel Arias		Hector
Montazgo		Julien
Don Antonio Ubilla		Felgines
Covadenga		Victor
Gudiel		Alfred
Dona Maria de Neubourg	Mmes	L. Beaudoin
La duchesse		Moutin
Casilda		Mareuil.

1

*
* *

Joué par les artistes en société à l'Ambigu, *Ruy-Blas* fut repris d'une façon suivie à la Porte-Saint-Martin le 11 août 1841, pour la rentrée de Fréderick-Lemaître.

La nouvelle distribution était celle-ci, d'après l'*Entr'acte* :

Ruy-Blas	MM.	Frédérick-Lemaître
Don Salluste		Jemma
Don César		Raucourt
Guritan		Nestor
Camporéal		Perrin
Santa Cruz		Herel
Del Basto		Danglade
Comte d'Albe		Alexandre
De Priego		Allan
Manuel Arias		Ogez
Montazgo		Auguste
Ubilla		Vautier
Covadenga		Marius
Gudiel		Tassin
La reine	Mmes	J. Rey
La duchesse		Dubois
Casilda		Léonide

*
* *

En 1867, l'Empire refusa au directeur de l'Odéon, M. de Chilly, l'autorisation de représenter un drame où un laquais mettait la pourpre royale en lambeaux. 1872 vengea 1867, et Victor Hugo, le 19 février, écrivait ces vers, à l'occasion de la reprise de son chef-d'œuvre sur notre seconde scène:

> Qui donc a dit: la France tombe?
> Demain, on verra tout-à-coup
> La grande pierre de sa tombe
> Se lever lentement debout.

Le 19 février 1872 les interprètes du drame de Hugo étaient: Lafontaine, dans le rôle de Ruy-Blas; Geffroy, Mélingue et Talien, dans ceux de don Salluste, don César et don Guritan ; Sarah Bernhardt jouait la reine et E. Broisat, Casilda, madame Ramelli, la duchesse.

L'année 1879 restera fameuse par l'entrée triomphale de *Ruy-Blas* à la Comédie-Française.

*
* *

Maintenant que nous avons dessiné les étapes, nous allons les parcourir, en nous servant des journaux de l'époque pour guides. — Et d'abord, comme il est de quelque intérêt de connaître le milieu où éclatèrent soudain tant d'admirations et de critiques jalouses, nous estimons qu'un rapide coup d'œil, jeté sur les théâtres et les journaux de 1838, ne sera pas déplacé en tête de cette résurrection du passé.

AUTOUR du THÉATRE DE LA RENAISSANCE

Ce qui frappe, en ouvrant la collection des journaux de 1838, c'est la brutale façon dont on accomode les directeurs, acteurs et actrices. Les boutades de M. Sarcey sont des caresses, à côté des sarcasmes et des injures que l'on prodiguait libéralement et sans compter aux grands comme aux petits.

Védel, administrateur de la Comédie-Française ; Duponchel — l'Halanzier d'alors, moins l'escalier — et surtout l'inimaginable Harel, directeur de la Porte-Saint-Martin, semblent principalement désignés aux coups de lanière qui emportent le morceau. Parmi les plus haineux — modèle du genre — voici Charles Maurice qui, pas plus que la Mort, ne lâche sa proie. Spirituel ou simplement grossier, suivant les jours et les digestions, il ne laisse jamais chômer sa plume, et, s'il ne lui pousse

1.

pas un mot d'esprit, il écrit une sottise pour faire son devoir — quand même !

Écoutez-le :

> En vérité, Monsieur Védel
> Me semble un fameux Duponchel,
> Quand il se conduit en Harel.
>
> Serait-ce pas que Duponchel
> Prétend s'incarner dans Harel,
> Afin d'agir comme un Védel.
>
> Ou plutôt est-ce que Harel,
> Prendrait exemple sur Védel,
> Pour imiter mieux Duponchel.

*
* *

On a établi des comparaisons entre Rachel et Sarah Bernhardt, à propos du rôle de Monime, et les gens qui brûlent toujours les vivants sur l'autel des morts, ont célébré la grâce pudique, la passion contenue, la résignation touchante de la première.

Eh bien ! voilà ce qu'on dit de Rachel, — elle avait, il est vrai, vingt ans alors, — à propos d'une reprise de *Mithridate* :

« Mlle Rachel n'a produit aucun effet. La vocation de la débutante la porte vers des rôles bien

différents de ceux-là. Cette jeune personne a pardessus tout l'esprit tragique, la sensibilité lui
manque. Une certaine chaleur de tête remplace
en elle l'âme, ce présent du ciel qui donne le génie,
car la multitude, peu soucieuse d'analyser son
plaisir, prend volontiers une qualité pour l'autre et
suppose beaucoup d'émotion à l'actrice qui la se-
coue seulement avec des nerfs. L'intelligence chez
elle cède le pas à sa nature, et quand on croit que
la tragédienne a raisonné un effet, c'est tout simplement le *courage de l'inexpérience* qui se trouve
avoir frappé juste en frappant au hasard. »

A la deuxième représentation de *Mithridate*,
Rachel fut sifflée.

*
* *

Sifflée à ses débuts ! Voilà une aventure qui eut
fait reculer plus d'une de nos agréables actrices,
arrivées à une certaine faveur en suivant des sen-
tiers frayés, où les épines avaient disparu sous des
roses — fleur ou diamant. Aujourd'hui, l'on ne
siffle plus, on applaudit à peine : assez pour se
faire remarquer, mais jamais trop ; on ménage ses
gants.

Est-ce à dire que nous sommes supérieurs à ces
affamés de théâtre, classiques ou romantiques, qui

se pressaient au parterre, anxieux et palpitants,
et qui manifestaient bruyamment leur enthousiasme ou leur mécontentement? — Qui donc ose-
rait répondre, oui? — Notre esprit d'initiative s'est
abâtardi et nous sommes heureux de trouver des
jugements tout faits qui nous servent de ligne de
conduite. Un misanthrope nous disait, il y a peu :

« La civilisation hâte les progrès de la déca-
dence et l'empire de la critique. »

*
* *

Rachel fut donc sifflée. Elle se releva bientôt
avec éclat. Alors les traits, changeant de cible, s'en
vinrent frapper son directeur, Védel, et son professeur, Samson :

> Grâce à la petite Rachel,
> C'est un grand homme que Védel.
> Au Théâtre-Français... rien,
> Ah! si fait, le Directeur. — Synonime.

*
* *

Samson devient indécrottable depuis qu'il se
croit professeur de tragédie, à 4 francs le cachet,

pour les héros pur sang. Il devrait se contenter pour l'instant d'apprendre à Mlle Rachel, qu'on dit *Seigneur* et non Scignieur.

*
* *

Voici comment les mauvaises langues et les mauvaises plumes traitaient les maîtres de la scène :

> Voulez-vous qu'un chef-d'œuvre vous paraisse bien laid ?
> Prenez Samson, Régnier, Provost et Beauvallet.
> Voulez-vous qu'il parvienne à vous ennuyer?
> Prenez Beauvallet, Provost, Samson et Régnier,
> Voulez-vous qu'il ait l'air d'être écrit en ostrogoth ?
> Prenez Régnier, Samson, Beauvallet et Provost.
> Enfin voulez-vous qu'il soit comme un glaçon?
> Prenez Provost, Beauvallet, Régnier et Samson.

*
* *

Petite pluie que ces épigrammes, à côté du déluge qui inonde Harel, le directeur de la Porte-Saint-Martin ; d'abord l'énumération de sa troupe avec des adresses fantaisistes :

THÉATRE DE LA PORTE-SAINT-MARTIN
rue du Désert.

———

MM.

Harel, rue Vide-Gousset.
Mélingue, rue Beauveau.
Raucourt, rue Fouarre.

MM^{mes} :

Georges, aînée, rue de la Tour.
Georges, cadette, rue Percée.
Théodorine, rue de la Planche.
Louise Mayer, rue Perdue.
Astruc, rue des Vignes.

⁎

M. Harel nous apprend que sa dulcinée, la grande tragédienne, Mlle Georges, est à Marseille, et il ajoute qu'elle y fait rage. — Jaunisse.

⁎

M. Harel n'a rien adressé hier, aux journaux, sur Mlle Georges. — Propreté.

*
* *

On unit Mlle Georges à l'acteur Eugène Grailly, son compagnon de route. — Renvoyé à M. Harel.

*
* *

Si Mlle Georges devient Mme Grailly, c'est M. Harel qui fournira la fleur d'oranger et qui tiendra le poêle. — Mœurs patriarcales.

*
* *

Avez-vous rêvé: âne.
»   chien.
»   chat.
»   mouton.
»   grenouille.
»   ménagerie.

Allez à la Porte-Saint-Martin et votre rêve deviendra une réalité. — Rendormez-vous !

*
* *

Harel fut le premier directeur qui se servit de l'animal avec intelligence et profit. Aujourd'hui,

tout le monde suit son exemple ; on en est arrivé
à adorer les lions et les tigres, roués de coups par
un Bidel quelconque.

De l'est à l'ouest, du sud au nord, des bêtes
partout, en l'an de grâce 1878. La Porte-Saint-
Martin, qui a été le berceau du genre... animal,
ne veut pas renier ses nobles origines et nous
montre des ours blancs que l'on poudre et maquille
chaque soir comme une vieille cocotte. L'Ambigu
rouvre avec une meute que lui prête obligeamment
l'Odéon. Aux Nouveautés, *Coco*, un perroquet qui
s'envole, exemple que suivent rarement nos orateurs. Aux Variétés, un cirque avec le doux cheval
Miquelet, monté en haute école par l'écuyère
Céline Chaumont. Au Châtelet, des serpents.... Si
jamais Zola met en scène la cour d'une ferme, il
exigera des canards barbottant dans la mare, des
poules sur le fumier, en proie à la galanterie des
coqs, et un porc reluisant de graisse, se vautrant
dans la boue, pendant que la fermière lui gratte
amicalement le dos.

Revenons à Harel qui vient de risquer un tout
petit Puff auquel personne n'a pris garde ; il a

écrit à quelques journaux que *son spectateur* (il n'en comptait qu'un) avait éprouvé une commotion nerveuse au 4me acte de Marie Tudor. C'est un vieillard qui s'est évanoui dans une loge ; mais M. Harel n'était pas assez grimé ; il a été reconnu.

L'année 1838, qui vit Duponchel, Védel et Harel, vit aussi le théâtre de la Renaissance et *Ruy-Blas*.

Il lui fallait bien une compensation.

LE THÉATRE DE LA RENAISSANCE

Le théâtre de la Renaissance poussa un beau jour entre les bêtes de la Porte-Saint-Martin et le répertoire de la Comédie-Française, au temps heureux où princes et ministres avaient encore le loisir de causer avec les poètes et les dramaturges. Le duc d'Orléans, Guizot, Alexandre Dumas, d'un côté, Victor Hugo de l'autre, c'était plus d'influence et de talent qu'il ne fallait pour donner la vie à une entreprise nouvelle. Un théâtre, spécialement réservé aux jeunes d'alors, ayant été jugé de toute utilité dans le courant d'une causerie, Victor Hugo en obtint facilement le privilège.

Restait à trouver un directeur et des fonds. Le directeur, comme bien on pense, fut trouvé avant le capitaliste. Victor Hugo désigna Anténor Joly, rédacteur en chef du *Vert-Vert*, qui accepta avec enthousiasme et se mit en campagne aussitôt. Après de pénibles recherches, il rencontra enfin l'oiseau bleu, le merle blanc, le financier, et, sans perdre de temps, il porta la hache et le rabot à la salle Ventadour délaissée, pour en faire jaillir tout éclatant et frais, le théâtre de la Renaissance. L'architecte, les peintres, les tapissiers prennent possession du champ de bataille.

Hugo surveille de loin, apportant à tous la lu, mière vive de son génie et aussi un peu la tyrannie de sa supériorité, — dictant ses conditions, comme de juste; s'opposant à la suppression des feux de la rampe que rêvait Anténor Joly; réclamant Frédérick-Lemaître, — tout fraîchement sifflé à Bordeaux, dans l'affreux Robert-Macaire, — tout cela parce qu'il avait promis la pièce d'ouverture.

Cette pièce, c'était *Ruy-Blas*.

On travaillait cependant, on se pressait, on répétait dans une salle en pleine construction. Le pauvre Joly ne savait à quel Dieu se vouer. Hugo s'impatientait en lion qu'il est, soupçonneux, parce qu'on étudiait alternativement avec *Ruy-Blas*, un opéra-comique qui devait permettre aux

acteurs du drame nouveau de se reposer, et aux
affiches de changer d'enseigne. La troupe lyrique
et la troupe de Hugo vivaient en perpétuel éveil,
se disputant les heures, les places... et les
claqueurs. — On se rappelle les leçons que le
Maître donnait à Mlle Mars, montant lui-même sur
la scène, prenant les positions, marquant les ré-
pliques, aux grandes heures d'*Hernani*. Il fit de
même pour *Ruy-Blas*. Un jour, au commencement
du troisième acte, trouvant deux acteurs mal
placés, il se leva pour leur désigner leur vraie
place ; il était à peine debout, qu'une lourde barre
de fer, tomba de la voûte sur le fauteuil qu'il venait d'abandonner. — N'est-ce pas que ce fait,
raconté sans commentaires et jeté tout brutalement
à la pensée, lui ouvre des méditations et des rap-
prochements curieux ! — On peut voir de tout dans
cette intervention divine... à commencer par ce
fameux doigt de la Providence amputé depuis.

Après mille fatigues et mille déboires, le mois
de novembre était arrivé, brumeux et froid. On
allait ouvrir la campagne. Le théâtre de la Renaissance, voué comme tous les autres, au velours, au

blanc et à l'or, avait un air de convalescent... car il sortait à peine de l'ombre. Les portes étaient mal jointes, les calorifères imparfaits, les peintures pleines de trahisons, les couloirs encombrés, les banquettes vascillantes, les ouvreuses polies sans arrière-pensée, les contrôleurs hésitants, les becs de gaz timides.

Mais l'enthousiasme de tous eut vite raison de ces désavantages matériels, et le 8 novembre au soir, la troupe de la Renaissance sous les armes, attendait, non sans anxiété, le lever du rideau.

Cette troupe se composait, pour le drame, de :

MM.

Frédérick-Lemaître	premier rôle.
Guyon	premier rôle.
Alexandre Mauzin	deuxième rôle.
Féréol	comique.
Montdidier	premier amoureux.
Chambéry	premier comique.
Fresnes	deuxième comique.
Felgines	raisonneur.
Heillard	troisième rôle.
Beaulieu	utilité.

MM^mes

Albert	premier rôle.
Juliette	grande jeune première
Ida	grande jeune première
Atala Beauchène	grande jeune première
(L. Beaudoin)	
Level	mère noble.

N.-B. — Saint-Firmin remplaça Guyon dans la distribution de *Ruy-Blas*. Ce fut lui qui joua le rôle de don César.

PREMIÈRE REPRÉSENTATION

LE PUBLIC ET LES ACTEURS.

Le tout Paris, dont Walpoole parla des premiers, courait au théâtre de la Renaissance, dans la mémorable soirée du 8 novembre 1838. On inaugurait une salle nouvelle et l'on allait consacrer un superbe génie : deux choses très-bien portées.

Salle splendide, dirait-on aujourd'hui; l'élite de la société parisienne, la fleur du panier — en supposant qu'un tel panier puisse avoir une fleur. — On se précipite dans les loges, on escalade les banquettes; partout des femmes, des épaules nues, des senteurs, des frissons... des frissons de froid : on gèle, dans cette grande salle entr'ouverte a tous les vents, et qui, le matin encore, était en proie aux marteaux. La première sensation de la soirée fut désagréable; on mordait dans un fruit vert.

Les femmes lancées d'alors luttèrent bien quelque peu; il leur en coûtait d'enfouir sous le velours épais et les fourrures, toutes les grâces exquises dont elles s'étaient armées ; les hommes, qui apparaissaient au milieu d'elles, comme d'affreux chardons, passèrent leurs pardessus : seul le duc d'Orléans demeura en habit, ce qui fut très-remarqué.

On s'étonnait donc alors de la politesse d'un prince.

Pour comble d'irritation, le spectacle commença bien après l'heure annoncée — naturellement. Ah ! si Sarcey ou Sardou avaient été là.... quel progrès nous eussions accompli depuis le temps ! — La toile se lève enfin, et l'acteur Montdidier, assez ému pour être dans son rôle, vient imposer au public un prologue d'ouverture.

Le poète Méry avait jugé nécessaire d'accoucher pour la circonstance d'une centaine de vers, absolument faciles. Voici le début de sa pièce. Le piquant marseillais, faisant allusion à l'abandon auquel semblait condamné l'ancien théâtre Ventadour, s'écrie :

Hélas, quand on condamne un théâtre à se taire,
Quand au sein de la ville on le fait solitaire,

Un long cri désolant bientôt est entendu,
Qui nous dit que tout meurt, et que l'art est perdu.
Non, l'art ne peut périr, l'art est un Dieu. Qu'importe
Le bruit de son trépas, que chaque jour apporte ?
Laissons dire ; la terre aura dans tous les temps
Ses œuvres de génie et ses noms éclatants.
S'il semble quelques fois vers la tombe descendre,
C'est l'immortel oiseau qui renaît de sa cendre,
Le vieillard qui reprend la fraîcheur de son teint,
A l'heure où son éclat nous semblait presque éteint.

Nous avons eu, nous aussi, une salle Ventadour. Elle est bien morte et sans échos... Son âme s'est envolée dans une dernière harmonie... et le scintillement des louis d'or lui servira de feux follets.

*
* *

On applaudit l'acteur Montdidier ; les retardataires lui durent même quelque reconnaissance. Pendant qu'il débitait les vers de Méry, la salle achevait de se bourrer, — si bien qu'au moment où la toile allait se lever, avec un bruit de vent à travers les vergues, — le théâtre, offrait vraiment un beau spectacle. Ses ornements Louis XIV, ou même Louis XV, resplendissaient sous les lumières ; l'or et le blanc avaient des reflets de nacre, et depuis les médaillons en camaïeu qui

figuraient au pourtour des galeries jusqu'aux larges
cadres sculptés qui remplaçaient aux avant-scènes
l'inévitable colonne corinthienne, tout, nous dit
Gautier, avait un air de jeunesse et de joie bien
fait pour dégeler les plus transis. Le rideau, peint
par Zara, représentait une immense draperie de
velours incarnat relevée par des tresses d'or et
laissant voir une doublure de satin blanc d'une
richesse extrême. Le plafond offrait une foule de
figures allégoriques et mythologiques dans des
cartouches ovales. Les loges tendues d'un bleu
tendre favorable aux toilettes, de moelleux tapis
rouges posés un peu partout, pouvaient bien faire
passer le public sur les froids de novembre et les
courants d'air.

Quand le rideau se leva sur le premier acte de
Ruy-Blas, les chuchotements, les causeries cessè-
rent, et ce fut au tour de la curiosité de piquer la
salle.

*
* *

Le salon de Danaë, dans le palais du roi, à
Madrid, Alexandre Mauzin et Frédérick-Lemaître

en scène... et voilà la bataille engagée. Le premier acte fut reçu avec réserve ; on se ménageait ; le second prépara la victoire et le troisième l'accentua. Au quatrième, un brusque revirement.

Ah ! l'on ne vivait plus aux beaux jours des gilets rouges, des longs cheveux, des feutres fantastiques, des mouchoirs bourrés de saucisses ; on était devenu qui notaire, qui avocat, qui médecin. Vacquerie avait fait, il est vrai, 80 lieues pour assister à la première, mais, comme dit madame Hugo, le poète ne pouvait plus compter sur ses anciens amis d'*Hernani*, — et il ne connaissait pas encore les nouveaux. Saint-Firmin, heureusement, déconcerta les critiques et les haines par son jeu fin et spirituel, sa verve communicative, et le cinquième acte enleva la salle — avec le succès. — Gustave Planche était furieux. Quel joli tour à jouer à cet odieux personnage, que d'avoir plus de talent que lui ; Janin haussait les épaules et criait à l'impossible, à l'invraisemblable. Braves gens, ô bonnes âmes, regardez donc passer *Ruy-Blas*, fièrement campé sur son jarret, plein de vie, — éternel.

*
* *

La première idée de Hugo avait été, paraît-il, que
la pièce commençât par le troisième acte; Ruy
Blas, premier ministre du duc d'Olmédo, tout
puissant, aimé de la reine. Un laquais entre, donne
des ordres à ce tout puissant, lui fait fermer une
fenêtre et ramasser son mouchoir. L'auteur en y
réfléchissant, dit madame Hugo, aima mieux commencer par les débuts, faire un effet de gradation
plutôt qu'un effet d'étonnement et montrer d'abord
le ministre en ministre et le laquais en laquais.

C'était le bon moyen — puisqu'il a réussi.

*
* *

Le public, qui applaudissait, en dépit des critiques hérissés, le chef-d'œuvre de Hugo, ne savait pas sans doute que ces vers sonores et puissants, dont il se remplissait l'âme et l'oreille,
avaient été pour ainsi dire écrits de jet. L'inspiration était venue au poète, entraînante comme
un flot, impérieuse comme lui. Le 4 juillet 1838,

Hugo prenait la plume et faisait dire à don Salluste :

« Ruy-Blas fermez la porte — Ouvrez cette fenêtre. »

Le 11 août, Ruy-Blas se mourait sur ce mot : « Merci. »

Le dernier acte, comme le quatrième de *Marion Delorme*, fut écrit en un jour. Et pourtant, quel souci scrupuleux du détail historique! Le grand poète a mis une coquetterie extrême et un amour tout particulier à nous apprendre que dans les petites choses comme dans les grandes, dans la citation d'un chiffre comme dans la peinture des cœurs et des âmes, dans le dessin d'un blason comme dans l'analyse des caractères et des passions, il avait apprté une conscience toujours en éveil. Ne serait-ce pas dans ce sens qu'il faudrait prendre le mot fameux de Buffon :

« Le génie est une longue patience. »

<center>* *</center>

Entre la première représentation d'une pièce et

la seconde, il y a place pour un malheur. *Ruy-Blas* fut sifflé le 9 novembre devant une salle comble. 4,000 francs de recette et cinq coups de clé. Le public n'admettait plus, paraît-il, que Ruy-Blas se baissat pour ramasser le mouchoir de don Salluste. Le quatrième acte surtout fut discuté.

Peut-être le parterre ne trouvait-il pas assez de chausses-trappes, de fausses-portes et d'espions dans ce drame superbe; il est vrai que la complication matérielle y faisait un peu défaut, et qu'il n'entendait pas la complication morale. Bon parterre intelligent! Il passait à côté d'une innovation sans s'en douter.

Ce quatrième acte où don César rappelle les capitans Cornéliens et les héros du drame espagnol... admirable comédie — il l'a sifflé.

*
* *

Il est vrai que la cabale des grands jours s'était organisée. Pas de chef-d'œuvre sans elle. *Ruy-Blas* et Hugo furent menacés par... un claqueur. Voici l'histoire, racontée par ce pieux témoin auquel nous devons déjà tant. Un jour Frédérick, sortant de scène après le troisième acte, montra à

l'auteur un individu assis au parterre qu'il affir-
mait avoir vu siffler, et qui était le claqueur de
l'*Eau Merveilleuse*, l'opéra-comique qu'on jouait
alternativement avec *Ruy-Blas*. M. Hugo, voulant
en avoir le cœur net, alla dans la salle au troisième acte. Comme toujours, la scène entre Ruy-
Blas et Don Salluste rencontra de la résistance.

Au moment où Ruy-Blas ramasse le mouchoir,
M. Hugo vit le claqueur porter à sa bouche un
petit instrument et un sifflement retentit. Frédérick lui aussi l'avait remarqué.

Quand il dit :

> Sauvons ce peuple ! osons être grands et frappons !
> Otons l'ombre à l'intrigue et le masque...

Il n'acheva pas le vers, s'avança jusqu'à la rampe,
regarda le claqueur en face, et lui dit :

aux fripons !

Cette naïveté n'a rien qui doive nous surprendre ; les grands hommes et les grands talents ont
souvent quelque chose des petits enfants — et ce
quelque chose, on le regarde avec un sourire.

*
* *

Cependant, Frédérick, parlant au parterre, ne montra pas toujours cette naïveté. — Lors d'une des dernières représentations de *Robert Macaire*, n'étant pas rappelé à la fin de la pièce, il fait lever la toile, et s'avançant jusque devant le trou du souffleur :

— Messieurs, dit-il, en s'adressant au parterre, je tiendrais à savoir si M. Auguste est présent.

Personne ne répond.

— Et M. Antoine ?

Toujours pas de réponse. Le public manifeste pourtant son étonnement.

— Eh ! bien, messieurs, je suis tombé dans un guêpier. J'avais donné au chef et au sous-chef de claque quarante francs pour me faire rappeler et ils m'ont manqué de parole l'un et l'autre.

Oui, messieurs, j'ai été floué.

*
* *

Frédérick-Lemaître jouait en province, errant

de ville en ville, au hasard du succès, quand Victor Hugo le fit engager au théâtre de la Renaissance pour remplir le rôle de Ruy-Blas.

Il fut... comment dire... superbe. On ne retrouvait plus l'homme qui faisait crier la tabatière de Robert Macaire — quoiqu'il traînat partout après lui ce succès — comme un boulet.

J'ai lu, que dans *Ruy-Blas*, à cette scène du troisième acte ou Don Salluste force son laquais-ministre à fermer la fenêtre, l'acteur Mauzin — qui jouait Salluste et qui se tenait assis dans un fauteuil, regardant le public en face, pendant que derrière lui, Frédérick debout, marchait vers le fond du théâtre, — voyait tous les soirs, à ce moment, la foule soulevée par une même émotion, et soudain, sans que Frédérick eut dit un seul mot, éclater en bravos. Don Salluste, tournant le dos à Ruy-Blas, ne pouvait rien voir ni deviner par quel geste le grand acteur enlevait son public. Un soir pourtant, Mauzin se décida à regarder; il inclina la tête et vit alors Frédérick immobile, horriblement pâle, hésitant, écrasé, affolé et pleurant de véritables larmes.

3.

*
* *

Et cependant, il se trouva des « tas de critiques »
pour écrire que Frédérick-Lemaître avait perdu,
que Mauzin devait demander beaucoup encore à
un travail assidu, et qu'Atala Bauchène était ridicule, dans le rôle de Marie Anne de Neubourg. On
faisait grâce à Saint-Firmin qui jouait don César.

A côté de ces jugements dictés par un parti pris
évident, il convient de citer ceux de Hugo — dictés
peut-être par une reconnaissance sans bornes :

« M. Alexandre Mauzin a supérieurement composé
et compris don Salluste. Don Salluste, c'est Satan ;
mais Satan, grand d'Espagne de première classe ;
c'est l'orgueil du démon sous la fierté du marquis,
du bronze sous de l'or... il faut à l'acteur qui
aborde ce rôle, et c'est ce que tous les connaisseurs
ont trouvé dans M. Alexandre, une manière tran-
quille, sinistre et grande.

» La reine est un ange et la reine est une femme.
Le double aspect de cette chaste figure a été rendu
par Mlle Beaudoin — Atala Beauchéne — avec une
intelligence rare et exquise.

» Quant à M. Frédérick-Lemaître, les acclamations enthousiastes de la foule le saisissent à son
entrée en scène et le suivent jusqu'après le dénouement... »

Gustave Planche ne laissa pas échapper une si belle occasion de donner un libre cours à son venin. « M. Hugo, dit-il, en louant les acteurs qui jouent *Ruy-Blas*, a voulu sans doute montrer comme il entend être loué. Nous profiterions volontiers de la leçon, mais nous désespérons jamais d'égaler un tel modèle. »

Qui se souvient aujourd'hui de G. Planche. — « Si vous êtes curieux de lui, dit Vacquerie, — plongez. »

LA QUEUE DE RUY-BLAS

Le drame de Victor Hugo laissa derrière lui, comme une comète dans le ciel, une longue traînée lumineuse. Il alimenta Paris et ses théâtres, et quoiqu'il n'eût guère que cinquante représentations, il vécut longtemps encore dans les petits journaux de l'époque, dans la Revue des Variétés d'alors, *Puff*, ou les attrapes de l'année, et surtout dans une parodie du sieur Maxime de Redon, jouée le 28 novembre 1838.

Cette parodie s'intitule *Ruy-Brac*, tourte en cinq boulettes, avec assaisonnement de gros sel, de vers et de couplets.

Nous allons la servir.... par tranches :

Personnages :

Alexandre	pâtisssier.
César	son vagabond cousin.
Ruy-Brac	ami de César.
Gruaudent	vieux garçon boulanger.
Bonnefoi	industriel.
Biscuit	garçon patissier.
Hector	valet.
Crouton	garçon boulanger.
Reine	jeune bonlangère.
Mme *Moulin*	tante de reine.
Pâtissiers.	
Boulangers. — A Paris.	

Le pâtissier Alexandre, beau gars et bien tourné, a été éconduit par Reine, au profit d'un imbécile nommé Leroy, fortement appuyé par madame Moulin. Il compte sur son cousin César, va-nu-pied et rôdeur de barrière, pour le venger de l'insulte reçue, et l'affriole par l'appât de vingt ronds « pour faire la noce ». Mais il calcule sans le cœur d'homme qui bat sous les haillons du misérable. « Se venger d'une femme ? — Jamais ! »

Sur ces belles paroles arrive Ruy-Brac, son ami, qui fait à César la confession de l'amour intolérable dont il est saisi lui aussi pour Reine, la gente boulangère. « Je n'en peux plus, s'écrie-t-il :

Le bitume enflammé dont on couvre la rue,
Le soleil du tropique, un volcan qui se rue
Sur les faibles mortels errants dans nos vallons,
Près du cœur de Ruy-Brac ne sont que des glaçons.
J'aime comme l'on doit aimer toutes les femmes,
J'aime comme un héros de nos vieux mélodrames,
Comme une bête, un sot, une cruche, un dindon,
Dont l'asile dernier doit être Charenton.

Alexandre surprend cette poétique comparaison ; il se débarrasse de César, et, menaçant l'honnête brigand de la police, persuade Ruy-Brac, le présente sur l'heure à sa valetaille comme un sien cousin — après lui avoir fait signer toutefois ces deux lettres perfides :

« Je suis sans pain et je manque de tout ; venez à mon secours.

» RUY-BRAC. »

« Je vous attends ce soir.

» CÉSAR. »

Don Salluste n'avait pas trouvé mieux.

Reine s'ennuie dans sa boutique. Que faire dans une boulangerie à moins que l'on ne songe. Elle souffre de l'abandon de Leroy, qui la néglige pour aller pêcher dans la Marne.... mais se console un brin en rêvant à l'inconnu dont elle reçoit des épitres incendiaires roulées autour d'un gland de casquette. Elle rêve comme un ténor incompris, cette brave fille, et fait la sourde oreille aux acrimonies de sa tante Moulin. Elle l'écoute à peine, quand elle lui dit :

> Toute la semaine,
> Quand on se promène,
> Des bords de la Seine,
> Jusqu'à Clignancourt,
> Voyez-vous, ma chère,

On s'expose à faire,
Très-mal son affaire,
— Par le temps qui court. —
Mais une cotte,
Qu'on se tricotte,
Une marmotte,
Qui doit nous parer,
Voilà ma belle,
Ce que fait celle,
Qui veut chez elle,
Tout voir prospérer,
Quand la pâte fume,
Quand le four s'allume,
Sans livre, encre, plume,
Ayons l'air joyeux.
Mais fuyons l'empire
De qui sait écrire :
Ce n'est pas pour lire,
Qu'on nous fît les yeux.

Non, mais c'est pour voir Ruy-Brac qui s'introduit dans la maison de sa bien aimée, en se disant secrétaire de Leroy, et en apportant une lettre ainsi conçue, pour justifier sa qualité.

« Madame, le vent trouble les eaux, et je ne puis rien prendre. »

Sa mission remplie, Ruy-Brac aborde la situation franchement en s'évanouissant, sa casquette tombe à terre, son gilet s'entrouvre et laisse deviner des provisions de lettres vraiment redoutables.

Mais Reine reconnait que le gland, qu'elle avait reçu le matin avec un billet doux, est celui qui manque précisément à la casquette de Ruy-Brac ; elle compare tout émue, le billet de Leroy et celui de son inconnu : l'écriture semble identique : Plus de doute possible.

Vos lettres m'ont appris l'ardeur qui vous consume,
Quel est votre projet ?

dit-elle à Ruy-Brac, qui répond avec feu :

Mon âme est une enclume,
Où retentit sans cesse avec un bruit nouveau,
L'espoir de m'élever jusqu'à votre niveau,
Et de pouvoir, ornant de roses votre vie,
Supplanter ce Leroy que je hais, que j'envie,
Car je pense, et ce mot ne peut paraître dur,
Que rien n'est imparfait comme votre futur ;
Le passé, le présent se heurtent dans sa tête,
Tels qu'on voit les autans au fort d'une tempête.
Son esprit ? il est nul. Quant au cœur il est sec.
Comme un coucou vingt jours suspendu par le bec,
Mais moi ! de plus en plus ébloui par vos charmes,
Je me ferais soldat... pour vous rendre les armes,
Si dédaignant mes vœux et ma main et mon nom,
Au lieu de dire un oui, vous me répondez non.

REINE.

Mais Leroy...

RUY-BRAC.

Qu'a-t-il fait pour vous trouver fidèle ?
Avec ses hameçons croit-il prendre une belle ?

Et veut-il, amusant sa femme d'un hochet,
Présenter un goujon pour saisir un brochet ?
Il pêche, et moi je brûle ; il s'éloigne et je reste.
Fais-je bien ?

REINE

Oui, restez.

RUY-BRAC

O bonheur !

REINE

Chut !

RUY-BRAC

J'atteste
A la face de l'air, du ciel, des bois, des eaux,
Que plutôt que changer, je veux voir en morceaux
Servir de déjeuner au tigre, à la panthère,
Ce cœur gros de soupirs, qui n'a qu'un but : vous
[plaire.

REINE

Arrêtez !

RUY-BRAC

Non, je dois ne dissimuler rien.
Votre vie est la mienne et votre foi mon bien.

4

REINE

Mais jamais on ne m'a tenu pareil langage !
Il parle, et sur le champ mon esprit déménage.
J'ai besoin de l'entendre et je crains d'écouter ;
Ai-je tort, ou raison ? tant pis. Lui résister
Ce serait me plonger vivante dans un gouffre,
Regarder sans pitié le malheureux qui souffre.

RUY-BRAC

Madame...

REINE

Taisez-vous, car ma tante Moulin...
A mal penser d'autrui, tout en elle est enclin ;
Et ne voulant encor accueillir votre flamme,
Je tremble en vous parlant de mériter son blâme.

RUY-BRAC

Votre tante, n'est pas un père, que je crois,
Et d'ordonner ici vous seule avez les droits.
En plein drap taillez ferme et rompez en visière,
A qui voudrait céans vous mener en lisière :
Et d'abord, commencez, colombe sans époux,
Pour gouverner vos gens par m'admettre chez vous.

REINE

Cette idée est heureuse, et j'y souscris sans peine.

RUY-BRAC

Dans le corps des mitrons, me voilà capitaine.

*
* *

Ruy-Brac, intendant de la boulangerie, préféré de la boulangère, excite comme tout homme heureux la jalousie des autres. La tante Moulin et les garçons organisent contre lui une conspiration terrible, qu'ils chantent en chœur :

> Au pain que nous cuirons,
> Orge et seigle nous mettrons ;
> A faux poids nous vendrons :
> Et nous le culbuterons.
> Le public se fâchera,
> Le commissaire viendra,
> Pésera, s'emportera,
> Et l'intendant sautera.

Mais Ruy-Brac est par là qui rôde, toujours en éveil ; il s'arrête sur le seuil de la boutique, foudroie la tante Moulin de son regard et se croisant les bras, s'écrie avec chaleur :

Bravo ! claquez des mains ! Je prépare la mienne
Pour t'étriller le dos, vieille bohémienne ;
Quant à vous, si ma force égalait mon courroux,
Au plus haut d'un clocher je vous suspendrais tous,
Et personne n'irait comme au mât de cocagne,
Détacher les pendus, vrais gitanos d'Espagne !

Comment! quand de la haine, on me fait les hon-
[neurs,
Il faut pour vous venger, imitant les voleurs,
Faire de votre four un affreux coupe-gorge?
Où l'on donne un pour deux et pour du blé de l'orge?
Misérables ! Sachez qu'à mes yeux un filou
Mérite moins que vous d'avoir la corde au cou.
Je travaille en plein air, vous exercez dans l'ombre,
Vous trompez sur le poids, la qualité, le nombre,
Et vous faites les fiers ! — Mais pour les malheureux
De bon pain, c'est la manne envoyée aux Hébreux ;
On se passe de vin, on mange sans fourchettes,
Mais sans pain le peut-on ? Infâmes que vous êtes !
Mal peser, c'est du pauvre être spoliateur :
Chaque once lui coûta vingt gouttes de sueur.
N'importe ! et pour m'atteindre, âme basse et com-
[mune
Il faut vous en gorger ! —

Aux garçons

L'assassin sur la brume,
Qui le fer à la main attaque un voyageur,
Risque sa liberté, sa vie... et vous ? Malheur
A ceux qui dans leur marche ont pris la fausse route !
Peut-être un jour sauront-ils bien ce qu'il en coûte
Pour dépouiller autrui. Tenez, dans un pays
Où l'on ne connaît point aussi bien qu'à Paris
L'art de sucer les gens de cent et cent manières,
Pays encor privé de code et de lumières,
S'il arrive parfois que tel ou tel marchand
Trompe en accusant plus que de fait il ne vend,
D'abord, dans un cachot conduit sous bonne escorte,
Au lever du soleil, il est devant sa porte

Cloué par une oreille. Hein ? cela vous va-t-il ?
Brigands au petit pied, au langage subtil.
Et dois-je en punissant votre coupable audace
Donner le châtiment quand j'ai fait la menace ?
— Ah ! vous ne riez plus et les regards baissés
Vous tremblez, comme un jour feront les trépassés !

Au moment où Ruy-Brac se croit maître... et mari, Alexandre apparaît soudain, lui glisse à l'oreille ces mots tragiques : « Pas encore, cher cousin! » — et l'oblige à dénouer les cordons de ses souliers. Ruy-Brac, attéré, obéit. Bien mieux, il écoute d'un air soumis les ordres d'Alexandre, et promet de se laisser conduire, sous un déguisement, dans l'hôtel de César, dont il prend le nom et la place.

La quatrième boulette se roule dans l'hôtel de César. Ruy-Brac y est introduit par Alexandre, et presque au même moment, César, — le vrai, — par le hasard. Tous les bonheurs attendent le coureur de gouttières ; on le soigne, on le dorlotte, on lui verse 300,000 francs, pendant que le faux César, auquel s'adressaient ces félicités, dort du sommeil de l'injuste.

César, ébloui, songe à ses compagnons de misère, à ces braves ruffians, paillards et humeurs de piot, qui chassent le rôt, pendant qu'il est là, lui, comme un magistrat :

> Va, — dit-il, à un domestique,
> Sur les places, les quais, les environs des halles,
> Va vite ; et si tu vois à de courts intervalles
> Des souffreteux couverts de haillons en lambeaux,
> Les uns, marcher pieds nus, les autres en sabots,
> Danser, pirouetter, jouer à la Marelle,
> Voir si la Seine coule, y patiner s'il gèle,
> Sans pain, sans feu, sans lit, sans toit et sans désir,
> Oublier leur misère aux grelots du plaisir,
> Et courir, en quittant, pour le danger, la joie,
> A la maison qui brûle, à l'enfant qui se noie,
> A la femme insultée, au vieillard renversé,
> Qu'en leurs mains à l'instant, cet argent soit versé.

Ruy-Brac arrive à propos pour partager la bonne fortune de son ami, — mais trop tard pour empêcher Alexandre de triompher. Celui-ci avait expédié à Reine le billet écrit par Ruy-Brac, autrefois, — afin de la surprendre publiquement avec son amant, de la confondre, et de se venger ainsi de l'affront qu'il en avait reçu :

RUY-BRAC

Grand Dieu ! Ma Reine ici ! Mais pour guérir, le ciel
A qui prend la cigüe a donc gardé le miel,
Et permet de mes feux, sachant la violence,
Qu'aujourd'hui, près de vous, je rompe le silence !
Un autre vous dirait, pour vous faire la cour,
Qu'ainsi qu'on voit le beurre en approchant du four
Fondre, et de dur qu'il est se changer en liquide ;
De même, de vos yeux, le pouvoir homicide
Fend le marbre, en gravant sur ses morceaux brisés
Vos traits qui, dans mon cœur, par l'amour sont
[tracés.
Mais moi qui ne sait pas l'art de la métaphore,
Qui parle sans vouloir, ainsi qu'un météore,
Brûler quelques instants d'une immense clarté,
Pour replonger la langue en son obscurité,
Je dirai, m'expliquant sans fard et sans mystère,
Voulant marcher à vous, Reine, que faut-il faire ?
Et dois-je, en vous voyant, fier ou découragé ?
Proclamer mon triomphe ou recevoir congé ?

REINE

Ma présence en ces lieux, prouvant à César même,
Combien auprès de lui, j'aime à conjuger : *j'aime*,
Ma vertu reste, avant comme après le billet,
Pure comme un cristal.

RUY-BRAC

Brisons là, s'il vous plaît.
Le soupçon n'atteint pas un cœur tel que le nôtre.

Mais quel est ce billet ? Signé de qui ?

REINE

Le vôtre.

Ce matin, dans mes mains, en cachette remis.

RUY-BRAC

Comment ! j'aurais osé !

REINE

Mon cœur l'avait permis.

RUY-BRAC

Voyons. Mon écriture ? Ainsi que mon paraphe ?
Le cousin m'a floué. — Songe à ton épitaphe
Alexandre ! — Déjà, si je tenais un fer,
Je t'enverrais frapper aux portes de l'enfer.

REINE

D'ou naissent ces transports ?

RUY-BRAC

Je briserai sa trame.

Venez ; suivez mes pas.

ALEXANDRE, paraissant.

Il n'est plus temps, madame.

Le malheureux Ruy-Brac, enveloppé de toutes part, pressé de questions, se démasque aux ricanements de Mme Moulin.

Il n'est pas mon parent, je ne possède rien,
Et ce nom de César ne fut jamais le mien,
Je suis Ruy-Brac ; sans pain, souvent sans domicile
On me vit implorer une pitié stérile,
Mais toujours de haillons bien qu'à peine vêtu,
J'eus le crime en horreur et foi dans la vertu,
Maintenant je m'éloigne, implorant comme grâce
Un pardon généreux...

REINE

Ah ! Ruy-Brac !

RUY-BRAC, *à Alexandre.*

Sur ta face,
Sans mon respect pour elle, à l'instant incrustés,
Monstre, tu sentirais mes cinq doigts...

(*il veut sortir.*)

CÉSAR, *accourant*

Arrêtez !

On devine le reste. César donne à Ruy-Brac les trois cent mille francs qui leur sont tombés du

ciel ; Reine sourit et pardonne, Alexandre tempête
— et la pièce finit sur une chanson de madame
Ruy-Brac:

> Sur la Marne, l'Oise et le Cher
> Leroy pêchait .. Leroy me perd :
>   Peut-être il s'en désole.
> Mais celui qui reçoit ma foi
> Ne pêchera plus qu'avec moi,
>   C'est ce qui me console.

———

De nos jours ce genre de parodie a quelque peu
disparu ; est-ce le manque d'œuvres éclatantes qui
en est cause? peut-être. En tous cas, c'est dans les
revues de fin d'année, à l'acte réservé aux théâtres,
que l'on trouve la critique des pièces qui ont
attiré l'attention du public. Ce procédé n'est point
nouveau et nous voyons, intercalé dans le *Puff*,
revue jouée aux Variétés le 31 décembre 1838,
Ruy-Blag, parodie en 3 parties.

———

« Le *Puff*, revue fort piquante due à la collaboration de MM. Carmouche, Varin et Louis Huart, jeune journaliste qui vient de prouver qu'il peut aspirer à plus d'un genre de succès et réussir au théâtre comme dans la presse. Odry en Ruy-Blag a été étonnant. »

Dans la distribution des rôles nous remarquons Hyacinthe qui tenait déjà le tout Paris suspendu... à ce nez légendaire qui l'a rendu inimitable.

LE PUFF

Revue en trois tableaux, ornée de

RUY-BLAG

Parodie en trois parties

Nous coupons de ci, de là, quelques-uns des pastiches les mieux réussis :

RUY-BLAG

La reine est mon caprice et j'haïs son époux ;
Sa majesté m'embête ; enfin, j'en suis jaloux !
J'escalade le soir, sur les murs de la reine,
Pour mettre sous son nez des fleurs de marjolaine,
Avec des billets doux, pour lui parler d'amour...
Je jette mes poulets dedans sa basse cour !
De plus, très-fainéant et ne voulant rien être,
Je me suis fait laquais ; ce monsieur, c'est mon
                           [maître !

LA REINE

Le jeune homme aux bouquets doit avoir des mous-
                           [taches ;
L'on ne m'entoure ici que de vieilles ganaches !
On dit que la vieillesse arrive par les yeux ;
Mais je crois qu'elle vient aussi par les cheveux.
Oui, la tête blanchit, tandis que l'œil verdoie,
Et la vieillesse vient avec les pattes d'oie.

RUY-BLAG

Rêves roses d'espoir, vous n'étiez pas bon teint
Le lampion du bonheur toujours trop tôt s'éteint !
L'ouragan du guignon souffle et fini.... plus mèche !
— J'ai rêvé cette nuit que j'étais à la pêche,

Et c'était dans l'eau trouble... et puis, j'ai rêvé chats !
Et mon cœur palpitant battait des entrechats.
Qu'il est tordu le fil que le destin me tresse !
J'ai retrouvé mon maître et perdu ma maîtresse,
Comme disait Potier — ou Talma ? l'un des deux.
La mort aux rats — bientôt finit mes maux affreux.
Oh ! ça me fait bien mal, je vais prendre un remède ;
Oui, cette drogue-là va me venir en aide !
L'horrible pharmacien m'a vendu sans effroi,
En me disant : Monsieur, le temps est-il bien froid ?
Ah ! les hommes sont chiens. Avalons la boulette.
Je ne te verrai plus, adieu donc, ma poulette.

———

RUY-BLAG

Ils sont'là tous assis et prenant leurs aisances :
Du panier de l'état ils font danser les anses :
Ils disent : nous veillons à l'intérêt public...
L'un voudrait le tabac. l'autre veut l'arsenic,
Ils se partagent tout à mon nez, à ma barbe,
Passez-moi le séné, vous aurez la rhubarbe
J'arrive et je leur dit, en discours christinos :
Vous me faites l'effet de chiens rongeant un os !
Et cela quand l'Espagne est fort mal à son aise !
Croque-morts, vous venez voler le Pèr'-Lachaise !
Lors, je crie au secours. J'appelle Charles-Quint ;
Mais il ne paraît pas, c'est un vieil arlequin !
Tu verrais ton royaume, en tant que tu le pusses,
Comme un vieux chien malade embêté par deux
[puces.

Viens donc, mon empereur ; mais tu ne pourrais pas
Voir dans quel triste état ils ont mis tes états.
Vois ton beau sceptre d'or, ils l'ont mis en canelle,
De ta pourpre ils se font des gilets de flanelle !

DON SALLUSTE, *à la reine.*

Vous pourrez vous nommer Madame de Ruy-Blague.
Un fiacre vous attend : j'ai payé le cocher.
Signez donc ce papier, puis, allez vous cacher !
Il vous donne un amant superbe ! magnifique !

RUY-BLAG, *s'avançant en arrachant le papier.*

Je m'appelle Ruy-Blag... cuisinier, domestique ?

LA REINE

Lui, c'est un domestique ?

RUY-BLAG

       Oui, j'ai l'air, ô horreur !
Du valet de carreau, mais je suis roi de cœur !

LA REINE

Est-ce un jeu ?

RUY-BLAG

Très-vilain, car vous pouvez m'en croire,
Moi, mon habit est rouge, et lui, son âme est noire.

DON SALLUSTE

Silence, ou je vous chasse! à quoi bon le nier?
Oui, ma belle, cet homme était mon cuisinier,
Pour un enfant de fait, l'an dernier, en septembre,
Vous vouliez me donner votre femme de chambre
Je vous passe un valet! Ah! vous m'avez vexé?
Mais moi, je vous défrise! Ah! vous m'avez cassé?
Moi, je vous démolis! je suis homme de tête!
Mais vous n'y pensiez plus, n'est-ce pas, grosse bête?

RUY-BLAG, *qui lui a pris sa canne*

Je crois que vous venez de lui dire un gros mot.

DON SALLUSTE *va pour s'enfuir*

Ne vous dérangez pas j'ai mis le loquetot.
Mon vieux, le diable était, je le crois dans ta manche,
Mais aujourd'hui, vois-tu, ton maillot se démanche.
A mon tour! La cravache écrase l'étalon!
On fouette un roquet s'il vous mord le talon,
Personne ne viendra. Crier est inutile,
Pas même le portier, il est sergent de ville.
Je te tiens dans ma griffe et je vais t'en donner!
Ah! monsieur badinait, moi je vais bâtonner.

. . . .

. . . . ; . . . .

RUY-BLAG

> O méchante vermine
> Mais, lâche, arrive donc, et que je t'extermine.

Il le poursuit et rentre la figure toute blanche ;
il jette sa canne.

Il est toisé ma belle !

———

RUY-BLAG, *chantant dans le délire.*

> J'avais aimé ma reine,
> Mironton, mironton, mirontaine,
> Je vais passer la Seine
> Dans la barque à Caron.

LA REINE

Reviens, et pour toujours ; je t'aime à l'avenir.
Tends-tu ? toujours.

RUY-BLAG

> Ah ! oui je me meurs de plaisir !

———

Quelques journaux prétendirent que le quatrième acte de *Ruy-Blas* avait une certaine analogie avec le *Ramoneur-Prince*, pièce qui date de 1797.

Malgré la faiblesse de cette petite comédie, nous en donnons une analyse à titre de curiosité.

LE RAMONEUR-PRINCE

et

LE PRINCE-RAMONEUR

Barogo, ramoneur, entre chez le prince d'Oresca; se voyant seul, il ôte son bonnet, son habit, ses genouillères et ses souliers, et met la perruque, le chapeau, les ringraves, l'habit, le manteau et les bottines du maître de céans; puis, continuant « à ne pas se gêner », il va visiter l'appartement.

5.

Le prince vient de se lever et arrive en robe de chambre; à la vue des habits du ramoneur, une idée lui pousse : il va s'en revêtir, et, ainsi déguisé, il pourra surveiller sa maîtresse Éléonore et son secrétaire, César, qu'il soupçonne fort de s'entendre pour le tromper. Mais ses laquais entrent et le chassent, tandis qu'ils prodiguent leurs soins à Barogo. « Ah! l'excellent porte-respect qu'un riche habit! »

Le faux prince commence par savourer le chocolat réservé à Monseigneur; puis il reçoit la visite de don César; le secrétaire particulier, en se cachant la figure avec un mouchoir, simulant un mal aux dents. Don César lui apporte deux cents piastres et une lettre. Barago le chasse et garde l'argent.

Puis, voici dona Sanchia, la femme de chambre d'Éléonore, qui fait la grâcieuse, pour essayer de supplanter sa maîtresse. Barogo la couvre de baisers et de promesses.

Arrive ensuite un malheureux qui a recours à la charité du prince; Barogo lui donne les deux cents piastres.

Retour du vrai prince, qui reçoit les lettres que la femme de chambre d'Éléonore a volé à sa maîtresse ; il y découvre la preuve de la trahison de don César, qu'il chasse. Survient un dentiste, Postiche, qui veut à toute force lui arracher une dent. En ce moment, le prince aperçoit Barago et devine tous les quiproquos.

———

Après les parodies, voici l'imitation qui prend un des personnages de Hugo et en fait le héros d'un mélodrame à la mode :

« Don César a reçu un accueil assez flatteur de MM. les Abonnés. Ce fruit de l'imagination de MM. Dumanoir et Dennery, mélodrame de la Porte-Saint-Martin, renferme, comme tant d'autres, du bon et du mauvais ; d'assez heureuses inspirations et de froides longueurs ; des effets heureux et des scènes connues. Un rôle magnifique (don César), entouré de personnages pâles, froids, sans couleur et entièrement sacrifiés ; le tout fortement assaisonné de musique et de bons mots.

» Frédérick a été admirable. »

Théophile Gautier raconte la chose avec sa bonne

humeur ordinaire, si spirituelle et si pleine de malice :

« *Don César de Bazan.* — MM. Dumanoir et Dennery sont, à n'en pouvoir douter, de forts honnêtes gens qui ne *feraient* pas le mouchoir et qui *font* l'idée. Au moins, ont-ils eu la candeur de ne pas démarquer le foulard dramatique qu'ils ont retiré de la poche de l'illustre poète Victor Hugo. Par ce temps de piraterie littéraire, c'est encore de la vertu... relative. Du reste de semblables abus n'ont rien qui doive surprendre dans un pays où les écrivains sont en quelque sorte hors la loi, et n'obtiennent pas, pour la propriété de leurs œuvres, une garantie que l'on s'empresse d'accorder à l'épicier pour les chandelles dont il n'est, d'ailleurs, que le débitant.

» Victor Hugo, lui-même, portant au fils de son cerveau cette affection que Shakspeare ressentit à l'endroit de Falstaff, et Beaumarchais, à l'endroit de Figaro, a fait une comédie intitulée : *une Aventure de don César de Bazan.*

» La résolution qu'a prise le poète de ne plus faire représenter de pièce l'a empêché de la produire sur le théâtre, mais elle paraîtra un jour sous la forme de livre, et le vrai, le seul don César de Bazan ressuscitera alors avec ses véritables allures. C'est Frédérick qui joue le rôle de don César.

» Quel acteur immense que Frédérick ! Comme avec un geste, un mot, un cri il enlève une salle,

et remue son public de l'orchestre au paradis! D'un
rayon de sa fauve prunelle, il éclaire, à travers
l'action, de livides abîmes, des gouffres du cœur
humain que ne soupçonnait pas le dramaturge de
pacotille ; la chose est, à ce point, qu'il nous est
parfaitement égal de le voir *(Ruy-Blas* excepté)
dans une pièce ou dans une autre ; il est toujours
beau, imprévu, surprenant, haut comme le ciel,
trivial comme la vie, passionné, railleur, désor-
donné, et pourtant toujours maître de lui, dominant
son rôle, ses interlocuteurs et son parterre ! Dès
qu'il entre dans une action, tout s'anime, tout s'a-
gite, tout se précipite au dénouement ; les acteurs
les plus froids s'échauffent et cette mauvaise ébau-
che au charbon prend les couleurs d'un tableau de
maître. Vous croyez entendre des scènes d'amour,
des mots de flamme, des cris de vengeance ! —
Lisez la pièce, il n'y a rien. C'était Frédérick qui
écrivait tout cela en levant les yeux au ciel, en se
jetant à genoux, en changeant une chaise de place,
en laissant tomber son front orageux dans ses
mains convulsives. Un tel jeu, ce n'est pas du talent,
c'est du génie, et du plus haut. »

A TRAVERS LES JOURNAUX.

Du fameux milieu de romantiques inamovibles et chevelus, qui marquèrent 1830, se dégage la grande personnalité de Théophile Gautier. Ce n'est plus le fougueux général en chef de la claque, envahissant le théâtre dès l'après-midi et rangeant ses troupes en ordre de bataille après les avoir bourrées de cervelas à l'ail.

Ce n'est plus le superbe Théo qui avait remplacé le panache blanc d'Henri IV par un gilet d'un rouge éclatant! Il est plus calme; d'avocat passionné, il est devenu président du tribunal et il veut bien condescendre à remplacer, par des raisonnements, le mépris dont il enveloppait les philistins, bourgeois et autres mécréants de ce genre:

« On n'a pas oublié quelles oppositions systématiquement violentes accueillirent les premières tentatives des novateurs. Car le Français se con-

sole de n'avoir pas la tête épique par la bosse tragique qu'il possède, seul entre tous les peuples.

» Cependant, le jour où le cor d'*Hernani* fit
résonner sa fanfare sous les voûtes poudreuses du
théâtre de la rue Richelieu, malgré la destinée ora-
geuse de la pièce, la tragédie proprement dite reçut
un coup mortel ; les chefs-d'œuvres des maîtres
restèrent des chefs-d'œuvres ; mais les pâles et
ennuyeux fantômes qui avaient la prétention d'y
ressembler s'évanouirent comme les brouillards
au lever de l'aurore. En effet, après les scènes ter-
ribles de la révolution, les batailles de géants, les
triomphes et les revers de l'Empire, c'était un spectacle divertissant, de voir un prince et une princesse, flanqués chacun d'un confident ou d'une
confidente, débiter sous un vestibule des tirades
d'alexandrins ayant invariablement un point tous
les deux ou quatre vers. D'ailleurs l'étude des lit-
tératures étrangères, de Shakspeare, de Gœthe,
de Schiller, avaient accoutumé les esprits à
plus de mouvement, à une reproduction plus
immédiate de la vie. Les pensées et les sentiments
modernes brisaient les anciens moules et se répandaient à pleins bords. La mise en scène fit d'immenses progrès. Au vieux et inamovible péristyle
classique succédèrent des chambres habitables, des
palais possibles, des forêts, des jardins, des rues. »

Ne trouvez-vous pas que Théophile Gautier est
déjà sur la pente glissante du naturalisme et
M. Zola ne fait que lui rendre politesse pour poli-

tesse, lorsqu'il se reproche (amèrement, il est vrai!) quelques escapades inconscientes dans le domaine de ses ennemis.

Que nous sommes loin des chambres habitables, des jardins et des rues qui faisaient le bonheur du père de mademoiselle de Maupin.

Aujourd'hui, nous voulons de vrais jardins, de vrais cerisiers chargés de cerises, et des fontaines d'où coule une eau limpide et fraîche ; ou encore, un lavoir avec des blanchisseuses garanties.
et du savon de Marseille. Autrefois l'acteur passait son temps à fouiller son rôle, à trouver de nouveaux effets.... maintenant il va tout droit au Temple et dans les boutiques de marchandes à la toilette; le succès est pour celui qui découvre un pantalon bizarre ou une casquette de rôdeur de barrière ; s'il y a des taches bien authentiques, c'est un vrai triomphe.

Remontons jusqu'à Gautier.

« ODÉON. *Lucrèce.* — Si jamais tragédie est venue à point, c'est à-coup-sûr *Lucrèce.* Entre *les Burgraves* et *Judith*, qu'elle admirable position ! Les éloges donnés à M. Ponsard amènent naturellement d'amères critiques contre M. Victor Hugo, et les articles faits sur *Lucrèce* sont consacrés en grande partie à de violentes diatribes contre l'auteur de *Ruy-Blas*, de *Marion Delorme*, des *Orientales* et de tant d'autres chefs-d'œuvres qui resteront dans la langue comme des monuments. On est toujours bien aise de saper un homme de génie avec un homme de talent. C'est une tactique qui, pour n'être pas neuve, n'en est pas moins habile et qui, temporairement, produit toujours un certain effet. Il s'est trouvé des critiques qui ont loué M. Ponsard de manquer de lyrisme, d'imagination, d'idées et de couleur et l'ont félicité d'avoir surtout des quaiités négatives. Nous croyons que le jeune poète sera peu flatté de ces compliments étranges, dictés par une haine aveugle contre un auteur illustre qui possède ces *défauts* au plus haut degré.

» Il est fâcheux, vraiment, pour M. Ponsard, honnête et consciencieuse nature, studieux et loyal jeune homme, qu'on fasse de lui un instruiment, un bélier à battre en brèche une gloire que vingt-cinq ans n'ont pu entamer.

» Les mêmes gens qui ont fait un si grand bruit de la camaraderie et du cénacle tombent aujourd'hui en des accès et des violences admiratives qui dépassent les furies romantiques les plus échevelées : à les entendre, il ne s'agit pas moins que d'un Corneille ou d'un Racine nouveau.

» Il y a chez Victor Hugo une qualité la plus
grande, la plus rare de toutes dans les arts : la
force ! tout ce qu'il touche prend de la vigueur, de
l'énergie, de la solidité. Sous ses doigts puissants,
les muscles sortent et se détachent, les formes s'ac-
centuent, les contours se dessinent nettement, rien
de vague, de mou, d'abandonné au hasard.

» Il a cette violence et cette âpreté de style qui
caractérisent Michel-Ange ; son génie est un génie
mâle ; — car le génie à un sexe. Raphaël est un
génie féminin ainsi que Racine ; Corneille est un
génie mâle. »

Quand Théophile Gautier écrivait ces lignes, i
se souvenait assurément des premiers rayons que
sa muse avait jetés dans ce cerle merveilleux dont
Hugo était le centre. Heureusement que pour l'en-
seignement de la postérité, d'autres critiques dé-
chaînèrent sur l'œuvre nouvelle une tempête de
mots et de phrases.

Une tempête seulement, car le ciel a repris depuis son ineffable sérénité, et dans le firmament
bleu, un astre vient encore de s'allummer : *la
Pitié Suprême.*

Jules Sandeau donna un coup de fouet à sa légendaire mollesse, lorsqu'il trouvait cette éton-
nante pensée : « Pourquoi le poète se croit-il dis-
pensé, vis-à-vis d'une majesté royale, du respect
qu'il aurait pour un de ses ancêtres? Marie-Anne
de Neubourg était d'assez bonne famille, pour
qu'on pût avoir, sans crainte de déroger, quelques égards envers sa mémoire. Arracher les morts
au sommeil pour tenter de les réhabiliter, c'est
sans doute une louable entreprise; mais les trou-
bler pour charger leur conscience, les réveiller
impitoyablement pour leur révéler sur leur propre
compte, des crimes ou des faiblesses qu'ils igno-
raient peut-être, c'est à coup sûr une autre affaire. »

Il avait bien de l'esprit, alors, M. J. Sandeau.

J. Janin lança, dans les *Débats*, cette petite
aménité à l'adresse de *Ruy-Blas* : « Le quatrième
acte de la pièce nouvelle est fort en dehors de toutes
les idées reçues ; il est rempli de personnages hi-
deux, de scènes bouffonnes, de barbarismes créés
à plaisir. »

On lisait dans le *Moniteur* du 11 novembre
1838 :

« Les œuvres de M. Hugo manquent d'instinct
théâtral, offrent d'admirables parties ; un bel ensemble, jamais. Souvent étroit d'invention, M.
Hugo fatigue une pièce de prolixes détails, s'y
complait, les prodigue ; une situation large fléchit
devant une scène mesquine ; une pensée noble,
imposante ou spirituelle, dégénère sous le ridicule, l'étrangeté, la sauvagerie de l'expression ; le
comique participe du trivial, le trivial du burlesque, le burlesque du tréteau ; une insatiable
ambition d'originalité tourmente M. Hugo, et il
plaisante à froid, »

Un arrêt de Gustave Planche :

« *Ruy-Blas* est une gageure contre le bon sens,
ou c'est un acte de folie. »

Nous offrons à Victor Hugo, cette gerbe de ron-
ces. — Assurément, il y trouvera quelques par-
fums à cette heure.

FIN DE LA PREMIÈRE PARTIE

LES REPRISES

On sait le génie de Frédérick ; on sait aussi ses fantaisies et ses caprices ; il avait des éclairs d'immortalité — et des inconséquences vulgaires; faisant explosion sur une scène, et la quittant ensuite, sans souci de ses intérêts, de ceux de son directeur — et de sa propre considération.

Applaudi la veille, il lâchait pied pour un rien, pour l'ombre d'une raison. C'est ainsi qu'un beau matin, Frédérick laissa le théâtre de la Renaissance: on était en pleine répétition d'un drame nouveau *Zacharie*, pour lequel on faisait des frais inusités. Tout le théâtre apportait au succès attendu ses travaux et son dévouement... et le soir de la première Frédérick déserta son poste. Procès, jugements, rien ne fit; c'est en vain qu'on le menaça d'un arrêt sévère: il l'attendit, cet arrêt, sans

6.

broncher, en s'exclamant peut-être, comme dans *30 ans de la vie d'un joueur :*

« — Je fais paroli ! messieurs ! »

Voyez-vous d'ici Frédérick, lançant cette phrase comme il savait le faire et passant une main nerveuse dans son épaisse chevelure.

Libre de tout engagement, il fut aussitôt saisi par les artistes de l'Ambigu réunis en société ; ces artistes, nous conta Paul Meurice, reprirent *Ruy-Blas* avec éclat, pendant quelque temps. Clarisse Miroir jouait avec Frédérick... et les vers du poète servaient admirablement l'amour de ses deux interprètes. Tout le monde sait en effet que Frédérick aima Clarisse Miroir, et, si cette affection fut la source d'une vraie félicité, elle fut aussi le prétexte de mille mots spirituels, railleurs ou délicats. Parmi les moins connus, nous en cueillons quelques-uns.

Un soir, Frédérick rentrait tout frissonnant dans sa loge ; il cherchait Clarisse Miroir des yeux, lorsqu'il l'aperçut dans l'ondoiement d'un rideau, attentive aux démonstrations d'un admirateur parfumé. Fréderick s'arrêta sur le seuil, prit un temps, ouvrit les bras et s'écria — jouant à lui seul un quatrième acte : —

« — En amour, madame, comme en honnêteté, lorsqu'on pousse trop loin, on devient un jobard ! »

Puis il disparut — l'effet produit — pour revenir ensuite.

Une autre fois, une surprise plus agréable lui était ménagée ; il rentrait après une scène de *Robert-Macaire*, en haillons. Clarisse Miroir, en proie aux sollicitations d'un fat qui lui demandait l'aumône d'un baiser se retourna rapidement vers lui, prit sa main et le présenta au mendiant millionnaire — peut-être — en disant :

— « J'ai mes pauvres, monsieur. »

Fréderick rayonnait.

Dans les dernières années de leur amour, Clarisse et Frédérick jouaient un soir ensemble, nous ne savons pas dans quelle pièce. Clarisse rose et blonde autrefois et svelte aussi, avait pris cet embonpoint redoutable qui marque la maturité du fruit. Frédérick vieillissait — lui aussi.

Au troisième acte, après une sortie brûlante, le premier rôle enlevait l'infante.

Frédérick, malgré l'enthousiasme et la vigueur qu'il devait déployer pour un amoureux — jeune, puisqu'il enlevait, montra quelque hésitation à se charger de la bien aimée.

Alors, une voix, partie de l'enfer, cria :
— « Fais deux voyages, mon vieux !

La Porte-Saint-Martin reprit *Ruy-Blas*, le 11 août 1841, avec la distribution que nous avons donnée plus haut. Raucourt remplaçait Saint-Firmin — avantageusement pour les masses. Sa voix vibrante portait au loin, tandis que les effets, pleins de finesse, de Saint-Firmin ne dépassaient pas la rampe.

Résultat de cette reprise — un immense succès.

Pendant la révolution de 1848, *Ruy-Blas* eut sa place marquée ; mais sous l'Empire, le chef-d'œuvre fut exilé avec son auteur. Pourtant, du fond d'une petite île, la grande *voix de Guernesey* se faisait entendre encore, et l'écho nous l'apportait à travers les brumes de l'Océan. Cette voix vengeresse, on n'osa pas l'étouffer au milieu des louanges qui accueillirent l'année 1867, et, malgré tout, les paroles de Hugo ne purent s'adapter à la musique du général Boum ou de l'*Œil crevé*. On conviait l'Europe, on lui ouvrait nos musées, nos théâtres.. et l'Europe se montrait curieuse d'*Angelo*, de *Marion Delorme*, d'*Hernani*, du *Roi s'amuse*, de *Ruy-Blas*. On se résigna à servir *Hernani* à l'Europe, les tendances de cette pièce n'ayant, paraît-il, rien de subversif... et puis, le son du cor faisait très-bien sur la scène et rappelait un peu l'opérette.

Auguste Vacquerie fut chargé de porter à Hugo les propositions de l'Empire : ce qu'on voulait, c'était *Hernani* — rien de plus. Hugo répondit que sa pièce appartiendrait au Théâtre-Français, si, du même coup, ses autres pièces, délivrées de la censure, étaient rendues à l'opinion. Le ministère accepta. — Nous avons applaudi madame Favart dans dona Sol — nous n'avons pas eu *Ruy-Blas*. Le maréchal Vaillant trouvait la pièce immorale et dangereuse. Et pourtant, pour donner une apparence de sincérité à l'engagement pris par le ministère, monsieur de Chilly fut invité à préparer une brillante reprise de *Ruy-Blas*. Le directeur de l'Odéon signa un traité avec Beauvallet qui devait jouer don Salluste ; avec Mélingue qui demanda le rôle de Don César de Bazan ; avec Berton père qui apprit Ruy-Blas.　.　.　.　.　.　.　.　.

.　.　.　.　.　et la pièce fut jouée à Bruxelles.

MIL-HUIT-CENT-SOIXANTE-DOUZE

Le 19 février 1872, en sortant de déjeûner chez Laveur (restaurant illustré par le passage de Gambetta et autres célébrités, parmi lesquelles nous citerons le peintre Courbet, qui s'y livrait à des agappes fraternelles, en compagnie de tous les réalistes et ultra de la rive gauche), nous nous sommes mis à la queue qui se formait déjà sous l'Odéon, pour de la reprise de *Ruy-Blas*.

Cinq personnes nous avaient devancés: devant moi, un jeune titi, qui nous égaya toute l'après-midi de ses lazzis, débités avec cet accent traînard du gamin de Paris; à côté de lui, un vieux monsieur chauve, un classique, qui avait connu Mlle Mars, Mlle Georges, Rachel, Frédérick et M. Thiers, au temps où il montait à cheval; on sait qu'il eut longtemps cette passion qui devait l'amener plus tard à conduire... le char de l'État.

A six heures, le gamin vend sa place 50 francs
et « se tire des flûtes »; le vieux monsieur se lève
et met son pliant sous le bras, pour résister à la
poussée vigoureuse des nouveaux arrivants qui
menaçaient de nous applatir contre la balustrade.
Nous dînons « sur le pouce » pour réparer nos for-
ces; nous sommes debout et immobiles depuis
sept heures de temps.

Derrière nous, la foule grouillant, criant, riant;
un murmure de voix sous les galeries envahies,
montant jusqu'aux voûtes et répercuté au loin par
un écho sourd. — T'en souvient-il, Paul, et vous
aussi, mes chers amis, aujourd'hui docteurs, ma-
riés, pères de famille, qui seriez même gardes na-
tionaux, s'il y avait encore une garde nationale!
Comme cela rajeunit de se reporter sept années en
arrière! Alors, nous étions frais débarqués, avec
une vraie gerbe d'illusions! — feu de paille sur
le pavé brûlant de la grande ville.

Mais nous sommes en 1872; nous allons voir
Ruy-Blas, apportant au poète nos hommages res-
pectueux et enthousiastes.

Les légendes de la première d'*Hernani*, les

luttes héroïques et enfiévrées grisent d'avance notre imagination et nos poitrines sont oppressées.

Derrière nous, le flot grossit sans cesse : 1,200 personnes se pressent pour applaudir un des chefs-d'œuvre du maître.

Tout le quartier est en fête ; les marchands d'oranges circulent, au milieu de la foule, avec leurs charettes pavoisées de lanternes vénitiennes ; le dernier marchand de coco est là, à son poste, offrant un verre « de fraîche » ; des cris de joie, des chants, de la gaité partout !

L'Odéon resplendit de lumière ! C'est un grand jour pour tous, pour Hugo, pour les artistes, pour la jeunesse, que les luttes de l'esprit passionneront toujours et trouveront au premier rang, apportant avec elle ses acclamations ou ses bouderies juvéniles !

On entre. Nous sommes assis, Dieu sait comme ! Qu'importe ? On frappe les trois coups. Silence.

Nous nous déclarons incapables d'analyser les sensations par lesquelles nous avons passé ; durant ces quelques heures, nous avions le vertige !

7

Que de souvenirs confus viennent se heurter dans notre mémoire ! Ce qui reste le plus profondément gravé en nous, c'est le silence religieux avec lequel on écoute ces vers étincelants qui nous transportent et nous font, tout d'un coup, lever debout, pendant que nos lèvres crient : « bravo ! bravo ! »

Tous, sans distinction de parti, se réjouissent franchement. Écoutez M. Vitu, du *Figaro* :

« — Que la politique reste au seuil de l'Odéon, pour nous laisser tout entier aux sensations et aux caresses de l'art. Je ne veux pas savoir si l'artiste a combattu pour Marius ou pour Sylla, pour les Guelfes ou les Gibelins ; s'il a perdu son bouclier ou son képi dans la bataille ; s'il a flatté Démos ou calomnié César.

» Pris dans son ensemble, *Ruy-Blas* vit surtout par le style ; envisagé sous cet aspect, *Ruy-Blas* est une œuvre sans pareille, écrite dans une langue étincelante, souple, familière, grande, qui parcourt avec une agilité merveilleuse toute la gamme des sentiments humains.

» Quelle surprenante fantaisie que ce rôle de don César, qui tient, à lui seul, tout le quatrième acte, — un hors d'œuvre, mais un chef-d'œuvre; — les cuirs de Cordoue n'ont pas plus d'arabesques, les poignards florentins plus de ciselures, ni les dessins de Callot plus de caprices. Ce vers Protée veut tout, sait tout et dit tout.

» La jeunesse vigoureuse, la sève, la flamme intense circulent dans les rameaux touffus de cet arbre magique, où toute pensée s'épanouit en fleurs éclatantes, lumineuses et diaprées. Si jamais la poésie française était perdue, on la retrouverait entière dans *Ruy-Blas*. Je ne parle pas ici du travail de l'outil, du vers savant, ouvragé, serti, damasquiné, émaillé, ciselé ; mais de la présence perpétuelle du génie lyrique, qui s'épanouit en gerbes immenses ou se concentre en quatre mots tirés des profondeurs de l'âme.

» Triste flamme, éteins-toi ! » dit Ruy-Blas, en buvant le poison. De pareils traits, qu'on sent mais qu'on ne loue pas, font comprendre cette définition du maître lui-même : « La poésie est un coup d'aile ! »

Sarcey apprécie les drames de Hugo sous un aspect nouveau, à un point de vue qui lui est propre ; sa prévention contre l'opérette est telle, qu'il en voit partout.

« Ce *Ruy-Blas* qu'il serait si facile de discuter scène à scène et de tourner en ridicule, qu'on nous dise pourquoi, malgré ses monstrueux défauts, je ne puis le lire sans me sentir pris, attaché, ému, ravi tour-à-tour ; pourquoi, depuis trente ans qu'on ne le jouait plus, nous en savions des tirades par cœur, et nombre de vers avaient, en quelque sorte, passé en proverbe dans la conversation courante.

» On vient de le représenter devant nous, n'est-ce-pas ? eh bien ! qu'on me dise encore pourquoi cette fable, que l'on trouve si bizarre, ne nous lâche plus aussitôt qu'elle s'est emparée de nous. Je ne dis pas qu'elle nous plait, qu'elle nous enchante ; non, mais elle nous maîtrise, elle nous subjugue, elle nous force à l'écouter, elle nous remplit malgré nous, malgré la révolte du bon sens effaré, d'admiration, de terreur et de pitié. »

» Le talent propre de Victor Hugo, au théâtre,

ressemble par quelques points à celui d'un faiseur de livrets d'opérettes. Les Scribe et les Planard, quand ils savent leur métier, imaginent des situations où deux passions très-nettes se rencontrent et se choquent ; des tableaux où se déploie l'action avec une certaine magnificence. Ils ménagent avec adresse, dans leur [action, des temps d'arrêt, des espaces, où le musicien puisse prendre la parole et se développer à sa fantaisie ; il faut qu'ils aient le génie de l'antithèse et du pittoresque. Ce sont deux qualités propres de Victor Hugo ; au lieu de travailler pour un compositeur, c'est à lui qu'il songe, à sa poésie, qui joue en cette affaire le rôle de la musique. La vraisemblance de son action et la sincérité des caractères lui importent peu ; il lui suffit, que la fable, inventée par lui, mette en jeu des passions bien tranchées qui se heurtent et qu'elles aboutissent, en de certains moments, à des ensembles qui plaisent à l'imagination par le groupement pittoresque des détails.

» Il découpe dans le drame, ainsi conçu, des solos, des duos, des trios et des chœurs, auxquels il ajoute l'accompagnement de sa poésie et, comme il

est grand écrivain, qu'il dispose d'un merveilleux
orchestre, il arrive à des effets d'une puissance
surprenante.

« Examinez, à ce point de vue, le troisième acte
de *Ruy-Blas*; c'est une merveille. Il s'ouvre par
un chœur de ministres, chœur agité, où grondent
dans l'orchestre toutes les convoitises, ardentes à
se disputer la proie. Prenez bien garde ! Ce n'est
que de la musique; si vous faites attention au sens
vous n'aurez plus aucun plaisir; vous vous direz :
« Mais non, ce n'est pas ainsi que parlent des
hommes d'État; jamais il n'y eut de conseil si parfaitement éhonté et qui étale ainsi son ignominie. »
Mais prenez la scène comme un chœur d'opéra ;
tout change; la poésie, faisant fonction d'orchestre,
n'est plus chargée que de peindre à l'oreille le
tumulte des passions basses violemment excitées.

» Ruy-Blas entre : il a tout entendu. C'est le
solo du baryton ou du ténor, le solo de l'indigna-
tion. Ne vous étonnez pas qu'il soit long et qu'il y
ait des redites ; des redites, non ; ce sont des re-
frains, des rappels de phrases mélodiques.

» N'objectez pas que jamais premier ministre n'a parlé de la sorte ni traité les affaires d'un tel style. C'est un solo ; la musique est-elle superbe ? les vers sont-ils beaux ? Ils sont (à peu d'exceptions près) admirables. C'est un morceau merveilleusement réussi ; que vous faut-il de plus? Vous êtes à l'Opéra.

» Le chœur des ministres sort et la reine entre. Par où ? par une porte secrète, d'où elle a tout entendu. N'allez pas me chicaner sur ce cabinet noir, creusé dans un mur ; sur cette reine qui s'y enferme pour guetter son amant. Qu'est-ce que cela vous fait? C'est un duo d'amour qui se prépare, et quel duo ! Un des plus tendres, un des plus ardents, un des plus pittoresques, un des plus poétiques qui soient jamais sortis de la main d'un poète. »

Paul de Saint-Victor s'écrie dans le *Moniteur universel :*

« Qui les sait mieux que Hugo ces choses de l'Espagne ? Contemporain de tous les siècles, indigène de toutes les contrées par l'instruction du génie, il l'est surtout de ce pays spécial entre tous les autres.

» Les années d'enfance qu'il y a passées l'ont marqué profondément à son type. Son imagination s'est empreinte des lignes dures, des couleurs tranchées, des mœurs sévères et hautaines de la terre du Cid. Sa pensée en a contracté un pli altier et grandiose qui ne s'est pas effacé.

» Chaque fois qu'il revient en Espagne, par le drame ou la poésie, c'est le roi dans son royaume ; c'est le seigneur rentrant dans son fief. Jamais sa voix n'est plus forte, sa familiarité plus entière, son autorité plus magistrale et plus souveraine. Il domine ce monde à part, il en joue et le tourne sous tous les aspects. On croit voir un de ces lions de blason qui étendent leur puissante griffe sur un globe. »

LES ARTISTES

Le rôle de la reine fut une des créations qui mirent Sarah Bernhardt en lumière. On sait que M. de Chilly ne pouvait pas la souffrir ; il aimait les femmes énormes, le pauvre homme ! Il se rappelait sans doute Mlle Georges, et toutes les actrices qui n'avaient pas la carrure de l'immense tragédienne étaient à ses yeux des fruits secs.

Ne croyant point que les artistes dussent se recruter parmi les femmes colosses, son associé, M. Duquesnel, avait, au contraire, pour Sarah Bernhardt (j'allais dire des attentions particulières ; mettons simplement :) un léger faible. Il alla même, dit-on, jusqu'à lui payer ses appointements sur sa cassette particulière, de Chilly refusant les clés de la caisse, sous prétexte que le Zanetto du *Passant* pouvait facilement passer par le trou de la serrure.

Sarah Bernhardt mit à profit le mot de son di-

recteur dans le rôle de Rodin : « patience ! patience ! », et la Comédie-Française la récompensa, en
ouvrant ses portes, toutes grandes, à la jeune artiste
qui, quelques années auparavant, n'avait, en fait
de rôle, dans une féerie, qu'un maillot rose, pro-
bablement rembourré.

*
* *

Nous ne pouvons que citer ici notre excellent
maître Sarcey.

« Jamais rôle ne sembla mieux taillé sur le patron du talent de Sarah Bernhardt, que celui de
cette reine mélancolique, ennuyée, triste et s'éveil-
lant, sous un éclair d'amour, du sombre engour-
dissement où elle est plongée. Sarah Bernhardt a
reçu ce don de la dignité affaissée et plaintive.
Tous ses mouvements sont à la fois nobles et har-
monieux : qu'elles élève, qu'elle se tourne à demi ou
qu'elle sorte, les longs plis de sa robe, lamée d'argent, s'arrangent autour d'elle avec une grâce
poétique. La voix est languissante et tendre, et bien
rhythmée. La diction est d'une netteté si parfaite,

qu'on ne perd jamais une syllabe, alors même que les mots ne s'exhalent plus de ses lèvres que comme une caresse.

» Madame Broisat, qui joue Casilda, nous revient d'Italie ; elle a le visage le plus aimable qu'on puisse voir et le sourire fleurit naturellement sur sa bouche.

» Madame Ramelli a prêté son talent à un rôle qui n'a pas six vers. Madame Lambquin, en duègne, a un peu trop pris à la lettre la définition du poète :

> L'affreuse compagnonne,
> Dont la barbe fleurit et dont le nez trognonne.

« Mélingue, reprenant le rôle de don César, ne le trouvait plus tel que l'avait jadis laissé Saint-Firmin. Depuis le mélodrame de Dumanoir et Dennery, où Frédérick avait fait de don César le type idéal de la bohème de la Cour, sous les haillons prodigieux et la plume de chapeau fantastique dont l'avait affublé le grand comédien, la tradition avait, dans l'intervalle, rempli ce rôle d'une foule d'images que le poéte primitif n'y avait pas mises. La figure s'était agrandie, idéalisée ; elle avait pris des proportions énormes ; de secondaire qu'elle était dans l'économie du drame, elle avait forcément passé personnage principal, grand premier rôle. Mélingue ne pouvait échapper à cette nécessité et il semble l'avoir durement senti.

» Saint-Firmin jouait don César avec une gaieté rapide, une joie pétillante ; Mélingue l'a pontifié avec toute la majesté et le souci que donne le sentiment d'un sacerdoce à exercer. Il a essayé de faire un sort à tous les mots ; il a insisté sur les plaisanteries ; enchassé les métaphores dans un débit où tout est en relief ; fait valoir les rimes riches......

» S'il avait consenti à être plus lui-même, à jouer en bon enfant, il aurait eu plus de succès assurément.

» Geffroy était souffrant le premier soir ; le lendemain, il a été superbe dans le rôle de don Salluste ; il a bien l'air d'un vrai grand seigneur, sa voix cuivrée le sert à merveille dans les passages de force. Il donne le frisson quand, s'avançant vers la reine, la main tendue, il lui dit:

— « Vous êtes dans ma main. »

« Et comme, au troisième acte, il détaille avec une ironie puissante la tirade sur les cuistres :

Cela sent son pédant et son petit génie
De faire ainsi de tout un bruit démesuré.

» Que Lafontaine est donc un artiste inégal ! Personne n'a jamais mieux prouvé que lui, que ce n'est pas le tempéramment qui fait les comédiens, je ne l'ai plus trouvé le même à la cinquième qu'à la première. Telle tirade qu'il avait fort bien dite a été manquée et, en revanche, il a mis en lumière des endroits qui avaient passé inaperçus le premier soir. On n'est sûr de rien avec lui.

» Admirable par moments, il tombe tout d'un coup au-dessous de l'ordinaire ; je ne pourrais lui donner qu'un conseil: c'est d'aller plus vite.

» Don Guritan c'est Talien, un peu minutieux et lourd.

Berton reprit, au mois de mai, le rôle de Ruy-Blas, laissé libre par le départ de Lafontaine. Il joua avec beaucoup de chaleur et de fougue juvénile, et s'il se montra faible dans la grande tirade : « Bon appétit, messieurs ! » il sut en revanche mettre le public de son côté, en se montrant vraiment jeune et vraiment amoureux.

AUTOUR DE LA PIÈCE

C'est chez Victor Hugo, que se fit la lecture de la pièce. Cette mesure anormale fit d'abord craindre aux artistes et aux directeurs que le maître ne voulut les enfermer dans sa main puissante. Il n'en fut rien : Hugo laissa à chacun le soin de composer son rôle ; il se contenta de donner ses conseils, apportant toujours dans les relations, qu'il eut avec ses interprètes, une bonté et une

patience excessives : exemple rare dans la tribu
nerveuse des auteurs dramatiques.

*
* *

Mélingue, qui ne devait pas retrouver les grands
jours de *Benvenuto Cellini* et du beau drame de
Paul Meurice, *Fanfan la Tulipe*, se fit remarquer,
en revanche, par ses bizarreries et ses caprices ;
flegmatique aujourd'hui, enfiévré demain, il ap-
porta aux répétitions le nervosisme rendu célèbre
par Frédérick-Lemaître.

Frédérick avait pris son habit fantastique de
Robert-Macaire sur le dos d'un vrai bohême ;
Mélingue aurait volontiers fouillé tous les carre-
fours de Madrid pour découvrir un don César en
chair et en os ; mais l'Espagne est si loin et les
costumes ont tellement changé depuis Charles II !
Il prit un parti plus sage : il choisit l'étoffe et
coupa lui-même le patron. Dès que le vêtement fut
cousu, il l'exposa dans son jardin, non pour
effrayer les moineaux, mais pour qu'il fût à point :
c'est-à-dire en haillons.

*
* *

La musique de la romance des Lavandières, chantée par Mlle Belgirard, est de Pilati, ancien chef d'orchestre de la Porte-Saint-Martin.

*
* *

Échos du *Figaro* :

« Pendant les répétitions de *Ruy-Blas*, Victor Hugo affectait d'appeler, à toute occasion, M. de Chilly : « Monsieur le préfet. »

» Cela ne vexait pas M. de Chilly ; mais cela l'intriguait. Depuis hier, il n'est plus intrigué, il est vexé singulièrement.

» Vacquerie lui a expliqué que le maître l'avait surnommé préfet du Hâvre, parceque, à ses yeux, l'Odéon est une scène inférieure. »

*
* *

En sortant de *Ruy-Blas* :

— « Il y a quelque chose de Corneille dans Victor Hugo ?

— » Oui, un Corneille qui abat des noix ! »

*
* *

— « Maître, — disait hier E. Blum à l'auteur de *Ruy-Blas* — votre nom glorieux flamboie sur tous les pans de mur de Paris ; j'en suis fier pour eux.

— » Mon ami, — répondit avec douceur Olympio — c'est de là que vient le proverbe : fier comme un pan ! »

*
* *

Rabagas, de Victorien Sardou, était sifflé au Vaudeville, pendant que l'on applaudissait *Ruy-Blas* ;

8.

c'est ce qui explique la petite note de Prével :

« Le vaudeville-parodie des Folies-Dramatiques s'appelera : *Ruy-Blagas*.

» Victorien ne dira rien, mais c'est Victor qui ne sera pas content. »

La parodie ne s'appela pas *Ruy-Blagas* ; mais bien le *Ruy-Blas d'en face*.

Le samedi 13 avril 1872, on représenta, aux Folies-Dramatiques, le *Ruy-Blas d'en face*, bouffonnerie musicale en quatre actes, de MM. Émile Blavet et de Saint-Albin.

Voici la distribution de cette parodie :

Canari	MM. Milher
Rossignol	Gabel
Auguste	Luce
Gulistan	Vavasseur
Le régisseur	Girardot
Le pompier	Victor
Maria de Cabourg	Mmes Blanche d'Antigny
Savarine	Rose-Thé
Gimblette	C. Moyse
Veuve d'Unkerque	Kid.

*
* *

Le public fit un accueil tout-à-fait fantaisiste au *Ruy-Blas d'en face*, et inaugura les petites soirées qui devaient plus tard être réservées aux premières du Théâtre-Taitbout et à chacune des résurrections des Folies-Marigny. Rien n'y manqua : les imita- d'animaux variés — y compris le chant du coq et la voix harmonieuse de l'âne ; — on inventa même pour la circonstance ce mot d'argot : le *chabanais*, qui détrôna l'antique *polin*.

Cependant Milher avait produit un certain effet avec son don César transformé en chanteur des rues ; mais les auteurs s'étaient trop attachés au drame de Hugo, et mal leur en prit, car la pièce perdit son originalité. Le public entra en joie, et sa gaieté s'accrut devant les nombreux bouquets jetés à Blanche d'Antigny. *Trop de fleurs !* comme disait Calchas.

Premier couplet. — Bouquet
Deuxième couplet. — Bouquet
Troisième couplet. — Trépignements de la salle

qui s'écrie en chœur, sur l'air des lampions :
« Des bouquets ! des bouquets ! »

.'.

Le *Ruy-Blas d'en face* faillit faire poursuivre
les Folies-Dramatiques ; on y parlait trop des sé-
nateurs à 30,000 francs, du président de la Répu-
blique et du général du Plan (Trochu).

La censure intervint, — heureusement pour les
auteurs ; — la pièce fut débarrassée de ses allusions
politiques et réduite à trois actes.

On n'applaudit plus, on ne siffla plus de parti
pris ; on se contenta de rire franchement.

Citons, — sans nous arrêter — aux Folies-Ber-
gères, la parodie de H. Buguet, *Ruy-Brac*, leste-
ment débitée entre un tour de passe-passe et une
valse de Métra.

* *
*

Ruy-Blas fut joué plus de cent fois, tous les
jours avec un nouveau succès. On n'avait plus

besoin d'attirer le spectateur par des promesses affriolantes, comme celles auxquelles avait recours le directeur de la Renaissance en 1838. Le malheureux Anténor Joly, tantôt offrait aux dames des albums de la maison Delloye; tantôt exposait une figure de cire quelconque, revêtue d'une robe de prix ; il alla même jusqu'à donner des bals après la pièce ; éclairage à giorno, 200 musiciens, tombola !...

Malgré toutes ces réclames, la foule rétive ne consentit pas à adopter le théâtre de la Renaissance.

Mais, en 1872, l'Odéon n'eut pas plutôt affiché *Ruy-Blas*, que le public prit d'assaut le bureau de location.

Nous terminons, en citant ces chiffres vraiment éloquents, que le pauvre Anténor Joly n'entrevoyait pas, même dans ses rêves les plus brillants,

L'Odéon a encaissé, pour les sept premières représentations de la reprise de *Ruy-Blas*, la somme de 38,123 francs 50 centimes.

Amen !

FIN DE LA DEUXIÈME PARTIE

RUY-BLAS A LA COMÉDIE-FRANÇAISE

Après *Hernani*, voici que *Ruy-Blas* franchit la maison de Molière, en attendant le *Roi s'amuse*. Nous écrivons avant l'événement, mais nous pourrions en prédire la glorieuse issue. Salle comble, les critiques, le monde, le demi-monde, la politique et les arts; applaudissements, rappels, faiblesse de Sarah Bernhardt qui tombe dans les bras de Hugo, enthousiasme.

Nous assistons à la première — naturellement, et nous sommes heureux d'être éblouis par l'auréole que le succès met au front d'une œuvre, avec laquelle nous avons vécu depuis si longtemps.

Avant le lever du rideau, nous songeons à ses principaux interprètes; nous les pressentons tels qu'ils seront, et c'est de notre double vue que sont nées ces rapides esquisses.

*
* *

Voici d'abord la distribution :

Don César de Bazan MM.	Coquelin
Don Salluste	Febvre
Ruy-Blas	Mounet-Sully
Un laquais	Coquelin-cadet
Marquis de Priego	Garraud
Don Antonio Ubilla	Boucher
Don Guritan	Martel
Montazgo	Joliet
Comte de Camporeal	Dupont-Vernon
Un alguazil	Roger
Marquis del Basto	Villain
Marquis de Santa-Cruz	Richard
Don Manuel Arias	Baillet
Un alcade	Davrigny
Covadenga	Silvain
Le comte d'Albe	P. Reney
Gudiel	Tronchet
Un huissier	Masquiller
Camerera Mayor Mmes	Jouassain
Marie de Neubourg	Sarah-Bernhardt
Casilda	Blanche Barretta
Une duègne	Thénard
Un page	Frémaux

COQUELIN

Il y a séance à Versailles. Dès midi, la gare Saint-Lazare est envahie ; des gens affairés, des femmes en toilette, avec l'équipement complet : éventail et lorgnette, s'entassent dans les wagons. C'est le premier acte de la comédie.

A l'arrivée, cohue. On se bouscule, on se presse, on regarde les députés avec un respect tout romain ; on s'est arraché les billets, comme à une simple première, et les femmes comptent bien montrer leurs dents aux orateurs... mais par un sourire. L'orateur du jour, c'est Gambetta. Gambetta va parler... et voici Coquelin, dans une loge, qui l'écoute.

Coquelin est républicain et les débats de la Chambre l'intéressent, c'est bien possible ; mais

notre excellent acteur est avant tout l'ami de Gambetta. Chacun le sait, et nous lui envions cette
bonne fortune — parmi tant d'autres.

L'amitié d'un grand homme est un bienfait des dieux.

Gambetta et Coquelin pourraient se répéter ré-
ciproquement ce vieux vers — en se serrant les
mains.

*
* *

Coquelin s'est, en effet, créé une situation ex-
ceptionnelle au Théâtre-Français. Tour à tour
Mascarille, Gringoire, de Septmonts, Fressard,
valet, poète, duc ou notaire, il impose au public sa
personnalité originale et ne sort qu'accompagné de
bravos. Sa voix sonore, vibrante, légèrement mar-
telée découpe la phrase à merveille, déblayant les
lieux communs et mettant en facettes tous les mots
et toutes les intentions, qu'il envoie au spectateur
comme une flèche acérée. Son nez lui-même est
artiste ; il est original et n'a rien qui rappelle le
nez d'Hyacinthe ou celui de de Banville.

Ce sont pourtant trois puissants nez.

Coquelin excelle dans le bavardage de Dumas fils, vrai labyrinthe dans lequel tout autre risquerait fort de se perdre, ou de confondre dans une demi-teinte ce qui doit être mis en vedette et ce qui doit être enveloppé dans une habile diction.

— « Ah! disait-il à Dumas, moi qui suis un honnête homme, croyez que j'ai beaucoup de peine à m'incarner dans ce drôle de Septmonts !

— « Vous n'en avez que plus de talent, lui répondit l'auteur de l'*Étrangère*. »

La souplesse, voilà le talent de Coquelin. Qui donc penserait, en le rencontrant les mains plongées dans son pardessus, le chapeau sur le front, le cigare aux lèvres et le foulard autour du cou, à la sortie de *son* théâtre, qui penserait que cet honnête bourgeois, bourgeoisant, vient peut-être d'enlever toute une salle dans un éclat de rire en criant : au voleur ! au voleur ! ; de l'étonner par sa verve étincelante, comme dans le *Barbier de Séville*; de lui arracher des larmes, comme dans *les Ouvriers*.

⁎
⁎ ⁎

Dans la journée, Coquelin déchiffre, lit, cause,
se promène... sermonne Cadet. Il est des petits
déjeûners du dimanche, court les salons lorsque la
fantaisie l'en pique... ou bien perfectionne des
chanteurs.

A cette heure, il n'a plus qu'à s'occuper des autres. C'est ainsi que le baryton Morlet, qui débuta
dans les *Surprises de l'Amour*, à l'Opéra-Comique, s'il nous en souvient bien, dut en partie son
succès aux leçons de Coquelin, qui lui prêta quelque chose de sa voix, de son geste, de sa démar-
che.

Très-affable, Coquelin converse volontiers.

Très-excellent acteur, il fait prospérer M. Perrin.

Très-bon camarade, il joue même avec des rhu-
matismes, comme dans *Jean Dacier*, pour ne pas
faire manquer une première.

*
* *

Le seul chagrin de Coquelin, est de ne pas jouer le drame, le drame noir. — Cette persistance nous désespère. Il est vrai que, comme on demandait un jour à Hugo et à Gavarni un petit chef-d'œuvre pour une revue, le premier envoya un dessin et le second un poème ; il est encore vrai, qu'Ingres se croyait le meilleur violoniste de son temps... et que Sarah Bernhardt... est bien capable de nous délaisser pour faire vivre de la terre glaise. C'est vrai... mais pourtant ! quand on a été Coquelin.

Allons ! dans quelques années, on nous dira peut-être :

> Frédérick ne puis,
> Jenneval ne daigne,
> Coquelin suis.

*
* *

Coquelin jouera don César dans *Ruy-Blas*. Ce rôle sera certainement pour lui l'occasion d'un triomphe nouveau.

9.

Mélingue était froid, Coquelin apportera dans son personnage, en même temps qu'une fantaisie éclatante, cette sûreté de composition qui ne lui fit jamais défaut.

Trois cuillerées de Septmonts, une autre de Gringoire et une autre de Mascarille, et nous aurons une infusion retour des Indes. N'ayez peur, cette infusion ne vous endormira pas, lecteur.

Vos deux mains, battant l'une contre l'autre, vous réveilleraient d'ailleurs.

FEBVRE

Il est difficile de se promener sur le boulevard Montmartre sans rencontrer Febvre, du côté droit, à moins que ce ne soit du côté gauche.

Toujours correct, boutonné tout au long dans sa redingote, un chapeau de soie à bords plats, sous lequel brillent deux yeux gris très-vifs ; un cigare à la bouche et des guêtres. Au moral, bonapartiste : il aime les princes, on peut avoir plus mauvais goût.

Febvre est un acteur très-consciencieux, très-aimé du public et goûté des délicats à cause de son jeu sobre et énergique.

Febvre est un des grands partisans du voulu, il arrête non-seulement les grandes lignes de son personnage, mais aussi les moindres détails ; il n'a pas confiance dans l'inspiration du moment et ne s'y

abandonne que rarement. Néanmoins, nous l'avons
vu, dans le *Demi-monde*, se laisser quelquefois
emporter par l'action, peut-être aussi par le jeu si
en dehors et si vrai de Mlle Croizette, et arriver
à un très-grand effet de pathétique, à sa sortie du
troisième acte.

Il a d'abord couru les théâtres de Paris, puis
l'Amérique, cherchant sa voie et ne trouvant, dans
la première partie de sa carrière, que des déboires.
Mais tout chemin mène à Rome, et les Pampas ne
sont pas si loin de la Comédie qu'on pourrai
croire.

*
* *

Ses deux dernières créations de Clarkson, dans
l'*Étrangère*, et de sir Edwards, dans le *Sphinx*, lui
ont peut-être fait une spécialité de rôles à l'em-
porte-pièce, qui, si elle est brillante, n'exige pas
les qualités sérieuses que nous espérons bien applaudir dans don Salluste. Et certes, nous n'acca-
blerons Febvre d'aucun grand souvenir ; que nous
importent Alexandre Mauzin, Geffroy, Chose... ou

tous ses devanciers ! Nous ne demandons à l'artiste que de faire de ce rôle son bien propre, de nous émouvoir et de nous effrayer à sa manière, et nous ne le guetterons pas froidement à tel ou tel passage, pour voir s'il reproduit, oui ou non, l'intonation de Geffroy ou de Tartempion 1er !

*
* *

N'offrez pas à Febvre de le faire engager chez Ballande ; vous feriez un impair.

Ballande est du midi, Febvre est rageur ; Ballande est un Hercule, Febvre n'est pas mal vigoureux. On venait de jouer le *Jeu de l'Amour et du Hasard*, à une Matinée de la Gaieté, et Febvre était en marquis ; Ballande, lui, était toujours en directeur (il n'était pas aimable le directeur d'alors, qui depuis... la littérature adoucit les mœurs).

Bref, Febvre, oubliant qu'un marquis ne retrousse jamais ses manches, se laissa aller à cet acte démocratique : il lutta. Mais Ballande est un Hercule, si Febvre n'est pas mal vigoureux !

MOUNET-SULLY

Le 4 juin 1872, on reprenait *Andromaque*, à la Comédie-Française, pour les débuts de Mlle Rousseil et de Mounet-Sully.

Nous avons noté au vol les réflexions d'un vieux classique, notre voisin de stalle :

« *Premier acte.* — Le débutant est très-beau et superbement drapé dans Oreste. La figure est énergique, distinguée, l'œil profond et sombre. Il est légèrement ému, mais cela va bien à sa voix grave qui donne au vers une harmonie douce et pénétrante. On l'écoute avec plaisir ; bravos discrets.

» *Deuxième acte.* — Cela continue ; c'est un succès, un vrai succès.

» *Troisième acte.* — Un grand succès.

» *Quatrième acte.* — Un immense succès.

» *Cinquième acte.* — Un délire.

» Mademoiselle Rousseil ne reparait pas.

— « Cependant, me dit mon classique, je ne puis oublier Talma dans Oreste, et plus tard Rachel dans Hermione. »

— « Talma et Rachel ont été sifflés à leurs débuts, mon bon Monsieur! »

*
* *

D'où venait-il ce jeune artiste qui avait enthousiasmé une salle de *première* et qui devait redorer le blason de la tragédie ?

Après avoir eu à lutter contre sa mère, qui voulait faire de lui un médecin ou un notaire, Mounet-Sully arriva à Paris en 1865, et se rendit le lendemain chez son compatriote Ballande, le seul, l'unique, le vrai Ballande, qui avait joué à côté de Rachel, et qui songeait déjà à fonder les *matinées* de la *Gaieté*, puis à ravir à Déjazet ses revues et ses maillots roses, pour installer à leur place, en vertu del'art, la poésie de M. de Calonne ; pauvre art ! — je préférais les flons-flons.

Ballande démontra au jeune débarqué que le Conservatoire était le refuge des fruits secs et que lui seul était capable de lui apprendre à chausser le cothurne.

Un souvenir de cette époque. C'était chez Ober, un petit restaurant du quartier latin ; un de nos amis venait d'être reçu docteur et l'on s'était réuni pour arroser sa thèse : une fête intime, égayée par la traditionnelle cordialité… On apporte une volaille magnifique et, d'un accord unanime, Mounet-Sully est désigné pour en faire l'autopsie. Alors (grand scandale !) notre ami, après avoir demandé une assiette en *porcelaine*, la retourne et frotte rageusement son couteau sur le fond.

— « Pour un homme, qui étudie Oreste et le Cid, le procédé me semble léger, » dit l'un de nous.

— « Ah ! pardon, dit Mounet-Sully, c'est M. Ballande qui me l'a appris pas plus tard qu'hier. »

— « Et c'est tout ce qu'il t'enseigne ?

— » Non, il m'a encore appris à descendre d'un omnibus en marche sans le faire arrêter, en me jetant en arrière. C'est très-joli ! et bien d'autres choses encore !

— » Quoi donc ?

— » A dire des vers tragiques ! »

Je dois ajouter qu'à ce moment personne ne se permit de douter du talent de M. Ballande et que l'on fit simplement des vœux pour le futur sociétaire de la Comédie-Française. Mais ce qu'il y a de particulier, c'est que, bien plus tard, lorsque Mounet-Sully passa une audition devant le comité du Théâtre-Français, un vieux régisseur (dont la tête blanche est restée dans le souvenir de tous les habitués) s'écria : — « C'est curieux, je ne connais pas ce garçon-là ; mais je jurerais qu'il a pris des leçons avec Ballande !

— » A quoi reconnaissez-vous cela ; à ses qualités ?

— « Non, à ses défauts ! »

Après deux ans des leçons de Ballande, Mounet-Sully entre, heureusement pour lui, au Conservatoire, dans la classe de Bressant ; couronné à la fin de l'année, il débute à l'Odéon aux appointements de 150 francs par mois, prix exorbitant, quand on songe à ce qu'il avait à faire dans le *Bâtard*, par exemple ;

Un invité. — « Ces femmes sont des coquettes ! »

Deuxième invité (Mounet-Sully). — » Des cocottes, voulez-vous dire ? »

C'était là tout son rôle. Il ne renouvela pas son engagement, et alla donner quelques représentations à Rouen, en compagnie de Mlle Agar, qui qui était déjà la juive-errante de la tragédie. Les journaux du crû trouvèrent Oreste fort de leur goût et s'étonnèrent qu'il ne fut point à la Comédie-Française. Leur étonnement devait être de courte durée.

*
* *

Mounet-Sully est de ceux qui ne trafiquent point

avec leur talent, il ne court pas après les cachets
en province, et si vous voyez son nom sur une
affiche, soyez sûr qu'il s'agit d'une œuvre de charité.

Il aime son chez lui. Entre ses répétitions et les
soirées au théâtre, il fait de la sculpture, de la
peinture, de la musique, de la littérature, de la...
que sais-je encore? un peu de tout, mais pas grand'
chose de bon en somme, et il en convient lui-même
avec un sans-gêne parfait.

— « Vous devriez envoyer cela au Salon ! lui
disait-on dernièrement en le voyant travailler à
un buste de sa mère, qui est sur la selle depuis
deux ou trois ans et qu'il remanie entièrement
toutes les trois semaines.

— » Pas si bête ! répondit-il; c'est si bon d'échapper à la critique et d'être un sot pour soi tout
seul. »

Il a un soin jaloux de ses tentures, de ses dra-
peries, de mille bibelots rangés avec art. Dans son
salon, deux statues de négresses (grandeur naturelle)
habillées d'oripeaux brillants ; sur la cheminée, le

buste de Molière ; à gauche, le portrait de Lekain,
un Van Loo ; à droite, celui du maître de la maison, peint par Boutet de Monvel ; des faisceaux
d'armes ; deux secrétaires espagnols, XVᵉ siècle ;
un aquarium environné de fleurs et de plantes
vertes. — Ouvrez les fenêtres : une vue superbe, le
jardin du Luxembourg dans son entier, et tout au
loin le mont Valérien.

*
* *

Quel âge a-t-il, me direz-vous? Mon Dieu ! les
acteurs et les jolies femmes n'ont que l'âge qu'ils
paraîssent.

Cependant, belles lectrices, si vous voulez connaître exactement le nombre de lustres qu'il compte
déjà, écrivez à la mairie de Bergerac, où il est
né...... en 1844.

*
* *

C'est au *Père-Lachaise* ; une foule émue et recueillie vient pleurer son grand artiste aimé : Frédérick est mort.

Hugo est là, le premier au bord de la fosse ; il apporte le tribu de son hommage éclatant à l'interprète admirable qui a fait vivre ses chefs-d'œuvre.

Qui parle après le maître ? Quelle est cette voix émue qui vient jeter au milieu de l'émotion générale les vers d'un jeune poète ? c'est le tragédien connu d'hier, l'admirateur de Frédérick, qui, au nom de la France entière, s'agenouille sur cette tombe, pour dire un adieu suprême au génie qui disparaît et pour retracer en strophes brûlantes la carrière triomphale et surhumaine du grand comédien.

— Hommage du Ruy-Blas plein de vie au Ruy-Blas qui meurt !

10.

SARAH BERNHARDT

Sarah Bernhardt, l'idéal réalisé, un parfum de rêve.

Cette femme, qui semble vivre tous nerfs dehors, divine par l'âme, surhumaine par le corps, mistress Clarkson et doña Sol, prière de Desdémone et sourire de Marguerite, cette femme c'est la Vision et c'est le Désir.

Sa voix paraît une harmonie, son geste une pensée, son regard un poème.

En la voyant si frêle, on dirait qui un souffle, qui un soupir, qui un baiser, et pourtant elle a tout effleuré de son haleine. La poésie et la sculpture doivent le frémissement ou la vie à son cœur et à sa petite main, noyée dans des Malines et des points d'Alençon.

Un rossignol sous des dentelles.

Sarah Bernhardt pensa se faire religieuse ou comédienne, au sortir d'un pensionnat. On commence quelquefois par là. A cette heure, c'est l'actrice qui jette aux bêtes son âme et sa chair ; demain, si elle veut, elle sera le voile austère qui pleurs avec de longs plis sur la robe noire ; aujourd'hui, elle tombe sur le cœur de *Ruy-Blas*, demain elle tombera dans une prière. Ses fameuses excentricités donnent un certain reflet à nos suppositions — quoique le ballon Godard ne soit pas aussi près de la cellule, que le Capitole de la Roche Tarpéienne.

*
* *

Tout le monde connaît Sarah Bernhardt depuis les brumes de la Tamise jusqu'au soleil de Monte-Carlo. — Il nous souvient qu'au vernissage du dernier Salon, un anglais, affreusement jaune et rouge, s'arrêta devant la badine avec laquelle Phèdre signalait à un esclave du Palais de l'Industrie quelques changements avantageux à son buste de Busnach — trop heureux chansonnier — et dit :

— Cette badine, c'est la tête de Paris.

Mot d'un anglais qui définissait mieux que nous cette femme étrange poussée parmi les autres comme une rose sur un mur lézardé.

*
* *

On attend chez mademoiselle Bernhardt comme chez un souverain.

Rentrée dans ses appartements, elle n'a pas tout à fait dépouillé la couronne de Marie de Neubourg; elle conserve quelque chose de sa royauté par droit de conquête, sinon par droit de naissance. Son chez soi n'est pas absolument un palais : mais il est du moins un paradis. Si sa cour compte quelques Guritan, elle compte aussi des don Salluste et des Ruy-Blas — valets par amour. Elle aussi a un oratoire, c'est le cercueil d'ébène capitonné qui l'attend dans son salon ; elle aussi a un missel, c'est le livre d'or de ses souvenirs, où peut-être les noms les plus éclatants sont inscrits. Elle dédie sa photographie à l'*ami* Francisque et au [critique

Sarcey ; si Agar lance le *Passant*, elle le jette en pleine lumière ; comprise de tous, elle comprend tout : depuis l'*Émile* jusqu'aux théories ascensionnelles de Godard et de Tissandier.

Femme universelle et persuadée qu'il ne faut jeter son bonnet par dessus la rampe, qu'à condition de le rattraper.

*
* *

Quand mademoiselle Bernard, en composant sa couronne, ajouta un *h* à son nom, pour le rendre éternel, elle ne se doutait pas sans doute que ce nom serait mêlé quelque jour aux luttes les plus ardentes de la politique. Et pourtant.... rappelez-vous dona Sol, présidant un banquet de journalistes et de députés, dona Sol anti-républicaine parceque M. Thiers était trop petit, dona Sol voyageant avec Hugo dans les montagnes, s'élevant dans les nuages avec lui — elle ne 'connaissait pas Godard alors, et laissait les chaises à leur place — et affriolant le Maître ; dona Sol choisie par un ministre comme biche-émissaire. Dona Sol une biche, allons donc!

C'est pourtant vrai.

*
* *

Mademoiselle Bernhardt est une femme trempée à la Spartiate.

En scène, voyez la toute frémissante, inquiète, hérissée : elle est Phèdre, elle est Andromaque ; elle lance l'imprécation et fait vibrer le vers, elle émeut, elle transporte et saisit. On applaudit ; elle paraît épuisée, elle pâlit quelquefois — et puis rentrée dans la coulisse elle dit, toute calme et sereine, à Oreste frémissant encore :

— « Comme vous voilà ému, mon cher ; pourquoi donc ? »

Le comble de l'art ! Vivre une seconde dans un personnage, parce que le gaz fait semblant de brûler, parce que la salle est là, impatiente et gonflée, parce qu'il le faut, parce que c'est son métier — et son bonheur.

*
* *

Dona Sol aime l'homme, parcequ'il a quelque chose du chien — et qu'elle adore les chiens. — Elle tue les uns pour son plaisir, elle met les autres aux abois. Distraction néronienne.

*
* *

Avant que Sarah Bernhardt n'intentât des procès — très-justes — aux petits journaux qui lui contestent la paternité de ses sculptures, elle passait son temps à se faire applaudir sur le théâtre. On assure que ses fantaisies — gracieuses ou simplement cruelles — sont pour quelque chose dans sa renommée bruyante. Que l'on sache cependant, que, dès 1862, elle débutait avec succès à la Comédie-Française dans *Iphigénie* et *Valérie*; que, pendant dix ans, l'Odéon ou le Gymnase lui durent en partie la bonne fortune de *Phèdre*, du *Testament de César Girodot*, du *Roi Lear*, du *Drame de la rue de la Paix*, du *Bâtard*, et de *Ruy-Blas* ; que rentrée à la Comédie, le 6 novembre 1872, elle se montra avec éclat ou gloire dans *Britannicus,* dans *Andromaque,* dans le *Mariage de Figaro,* dans la *Fille de Roland,* dans l'*Étrangère,* dans *Hernani.*

Elle reprend aujourd'hui le rôle d'Anne-Marie de Neubourg.

La carrière parcourue est donc vaste et pleine de rayons ; elle absorbe tous les petits travers, toutes les petites critiques ; elle force l'hommage et nous nous inclinons.

Définition vieille : Sarah Bernhardt : Un cerveau sur une épingle.

Conclusion banale: Sarah Bernhardt : Une grande artiste.

BLANCHE BARRETTA

On jouait l'*École des femmes* sur trois théâtres : la Comédie-Française, l'Odéon et le Gymnase, trois ingénues *(immaculatæ virgines)* se disputaient la pomme que devait leur décerner Paris, non plus le beau berger d'autrefois, mais Paris, la grand'ville, représentée par des critiques sévères et justes comme le corsage de Mlle Croizette.

Les trois Agnès : Mlles Reichemberg, Barretta et Legault commencèrent cette lutte épique qui consistait à baisser les yeux avec pudeur, ou à les ouvrir avec innocence, et... le prix fut décerné à Mlle Reichemberg qui depuis... mais alors !... Ah ! si Jeanne May eut été là, elle n'aurait pas joué du tout, elle se fut bornée à montrer un certificat de rosière, contre-signé par un docteur, et toute l'école naturaliste, Zola en tête, se serait pâmée devant ce *rara avis !*

11

L'Odéon fut battu en la personne de Mlle Bar
retta... battu avec honneur. On trouva que les
feux de ses deux grands yeux ne distillaient pas
précisément un élixir de fleurs d'oranger, mais
répandaient plutôt dans la salle un flot d'électri-
cité... positive, autant de victimes que d'étincelles !
Il y avait comme un reflet diabolique dans son
regard, lorsque Arnolphe lui racontait les histoires
de brigands que l'on sait. Elle écoutait et son œil
mutin n'en croyait pas un mot. Je parie qu'elle
ajoute une foi médiocre à l'Immaculée Conception.

Mlle Barretta triomphe surtout dans les rôles de
vraies jeunes filles, qui joignent à une certaine gau-
cherie, pleine de timidité, quelque chose de l'autorité, de l'énergie de la femme.

Adorable d'un bout à l'autre dans la *Maîtresse
légitime*, à l'Odéon, elle vient de retrouver son
grand succès à la Comédie, dans le *Fils naturel*,
où son sourire de vierge cache une volonté char-
mante.

*
* *

On raconte (mais que ne dit-on pas ?) qu'au sortir

du Conservatoire, la jeune fille, presqu'une enfant, fut invitée à déjeûner, sans façon, par un de nos critiques les plus en vue.

Heureusement, un dragon des Hespérides veillait...

Blanche Barretta déjeûna ce matin-là avec sa mère, qui lui chanta au dessert un morceau du *Petit-Duc*, inédit alors:

« — J'ai sauvé ton innocence! »

Et maintenant lecteur, prends ta bonne lorgnette de théâtre, comme notre maître Sarcey, un bon fauteuil comme le Monsieur de l'Orchestre, à côté de Vitu, de Lapommeraye ou d'Albert Wolf — et tâche de lire ton opinion dans leurs yeux.

Mais surtout n'oublie pas d'acheter notre livre à l'entrée et de reprendre ton pardessus à la sortie : la santé de l'esprit et celle du corps.

PARIS. — EMILE BLAIN, r. Germain-Pilon, 9.

1 fr. 25 c. le vol. | 1 franc le volume.

H. DE BALZAC vol.
Scènes de la vie privée.
La Maison du Chat-qui-Pelote. — Le Bal de Sceaux. — LaBourse. — La Vendetta. — Madame Firmiani. — Une Double Famille. 1
à Paix du Ménage. — La Fausse Maîtresse. — Etude de Femme. — Autre Etude de Femme. — La Grande-Bretèche. — Albert Savarus. 1
Mémoires de deux jeunes Mariées. — Une Fille d'Eve. 1
La Femme de 30 ans. — Femme abandonnée. — La Grenadière. — Le Message. — Gobseck. 1
Le Contrat de Mariage. — Un Début dans la V e. 1
Modeste Mignon. 1
Honorine. — Le Colonel Chabert. — La Messe de l'Athée. — L'Interdiction. — Pierre Grassou. 1
Béatrix. 1
Scènes de la vie parisienne.
Histoire des Treize. — Ferragus. — La Duchesse de Langeais. — La Fille aux yeux d'or. 1
Le Père Goriot. 1
César Birotteau. 1
La Maison Nucingen. — Les Secrets de la princesse de Cadignan. — Les Employés. — Sarrasine. — Facino Cane. 1
Splendeurs et Misères des Courtisanes. — Esther heureuse. — A combien l'amour revient aux vieillards. — Où mènent les mauvais chemins. 1
La Dernière Incarnation de Vautrin. — Un prince de la Bohême. — Un Homme d'affaires. — Gaudissart II. — Les Comédiens sans le savoir. 1
La Cousine Bette. 1
Le Cousin Pons. 1
Scènes de la vie de province.
Le Lys dans la vallée. 1
Ursule Mirouet. 1
Eugénie Grandet. 1
Illusions perdues. 2
Les Rivalités. 1
Les Célibataires. 2
Les Parisiens en province. 1
Scènes de la vie de campagne.
Les Paysans. 1
Le Médecin de campagne. 1
Le Curé de village. 1
Scènes de la vie politique.
Une Ténébreuse Affaire. — Un Episode sous la Terreur. 1
L'Envers de l'histoire contemporaine. — Z. Marcas. 1
Le Député d'Arcis. 1
Scènes de la vie militaire.
Les Chouans. — Une Passion dans le désert. 1
Etudes philosophiques.
La Peau de chagrin. 1
La Recherche de l'Absolu. 1
L'Enfant maudit. 1
Les Marana. 1
Sur Catherine de Médicis. 1
Louis Lambert. 1
Etudes analytiques.
Physiologie du Mariage. 1
Petites Misères de la Vie conjugale. 1
Théâtre. 2
Les Contes Drolatiques. 3

GEORGE SAND vol.
Mont-Revèche. 1
La Filleule. 1
Les Maîtres Sonneurs. 1
La Daniella. 2
Adriani. 1
Le Diable aux champs. 1

JULES SANDEAU
Un Héritage. 1

ALPHONSE KARR
Histoires normandes. 1
Devant les Tisons. 1

Mme ÉMILE DE GIRARDIN
Nouvelles. 1
Marguerite, ou Deux Amours. 1
M. le Marquis de Pontanges. 1
Poésies (complètes). 1
Le Vicomte de Launay. 3
La Croix de Berny (en collab.). 1

FRÉDÉRIC SOULIÉ
La Lionne. 1
Julie. 1
Le Magnétiseur. 1
Le Maître d'école. 1
Les Drames inconnus. 5
Les Mémoires du Diable. 2

ARNOULD FREMY
Les Maîtresses parisiennes. 1
Id. (deuxième partie) 1
Les Confessions d'un Bohémien. 1

LEON GOZLAN
La Folle du logis. 1
L'Amour des lèvres et du cœur 1
Aristide Froissart. 2

LE Dr L. VÉRON
Mémoires d'un Bourgeois de Paris. 5
Cinq cent mille francs de rente. 1

STENDHAL (BEYLE)
Chroniques et Nouvelles. 1

PHILARÈTE CHASLES
Souvenirs d'un Médecin. 1
Le Vieux Médecin. 1

ALEXANDRE DUMAS FILS
Diane de Lys. 1
Le Roman d'une Femme. 1
La Dame aux Perles. 1
Trois Hommes forts. 1
Le Docteur Servans. 1
Le Régent Mustel. 1

AMÉDÉE ACHARD
La Robe de Nessus. 1
Belle-Rose. 1
Les Petits-Fils de Lovelace. 1
La Chasse royale. 2
Les Rêveurs de Paris. 1

CH. DE BOIGNE
Petits Mémoires de l'Opéra. 1

ARSÈNE HOUSSAYE
Les Filles d'Eve. 1

MÉRY
Une Nuit du Midi (Scènes de 1815) 1
Les Damnés de l'Inde. 1

A. DE LAMARTINE
Geneviève, Hist. d'une Servante 1

J. GÉRARD (le Tueur de lions)
La Chasse au Lion, illustrée. 1

GRANIER DE CASSAGNAC
La Reine des prairies. 1
Danaé. 1

J. NORIAC
Le 101e Régiment. 1

KAUFFMANN
Brillat le menuisier. 1

LE DOCTEUR F. MAYNARD (o)
Voyages et Aventures au Chili. 1

Mme MARIE DE GRANDFORT
L'Autre Monde. 1

LE Cte DE RAOUSSET-BOULBON
Une Conversion. 1

Mme LAFARGE (MARIE CAPELLE)
Heures de Prison. 1

MISS EDGEWORTH
Demain. 1

EUGÈNE CHAPUS
Les Soirées de Chantilly. 1

Mme ROGER DE BEAUVOIR
Confidences de Mlle Mars. 1
Sous le Masque. 1

CH. MARCOTTE DES QUIVIÈRES
Deux Ans en Afrique. 1

MAXIME DU CAMP
Mémoires d'un Suicidé. 1
Les Six Aventures. 1

COMTESSE D'ASH
Les Degrés de l'échelle. 1
La Marquise sanglante. 1

HIPPOLYTE CASTILLE
Histoires de Ménage. 1

CHAMPFLEURY
Les Bourgeois de Molinchart. 1
Les Amoureux de Ste-Périne. 1

Mme MOLINOS-LAFITTE
L'Education du foyer. 1

LÉOUZON LE DUC
L'Empereur Alexandre II. 1

NESTOR ROQUEPLAN
Regain : la Vie parisienne. 1

FRANCIS WEY
Le Bouquet de cerises. 1

HENRI MONNIER
Mémoires de M. J. Prudhomme. 2

L. LAURENT-PICHAT
La Païenne. 1

MOLIÈRE
Nouvelle édition par Philarète Chasles. 5

Mme LOUISE COLET
45 lettres de Béranger. 1

V. VERNEUIL
Mes Aventures au Sénégal. 1

CH. MONSELET
Monsieur de Cupidon. 1

J. DE SAINT-FÉLIX
Mademoiselle Rosalinde. 1

PAUL FÉVAL
Blanchefleur. 1
La Reine des épées. 1
Le Capitaine Simon. 1

LOUIS ULBACH
La Voix du sang. 1
Suzanne Duchemin. 1

GALOPPE D'ONQUAIRE
Le Diable boiteux à Paris. 1
Le Diable boiteux en province. 1
Le Diable boiteux au village. 1

JULES LECOMTE
Les Pontons anglais. 1

JUILLERAT
Les Deux Balcons. 1

BARBEY D'AUREVILLY
L'Ensorcelée. 1
L'Amour impossible. 1

PAUL DHORMOYS
Une Visite chez Soulouque. 1

Paris. — IMP. DE LA LIBRAIRIE NOUVELLE. — Bourdilliat, 15, rue Bréda.